近藤勝重

書くことが思いつかない人のための文章教室

GS
幻冬舎新書
232

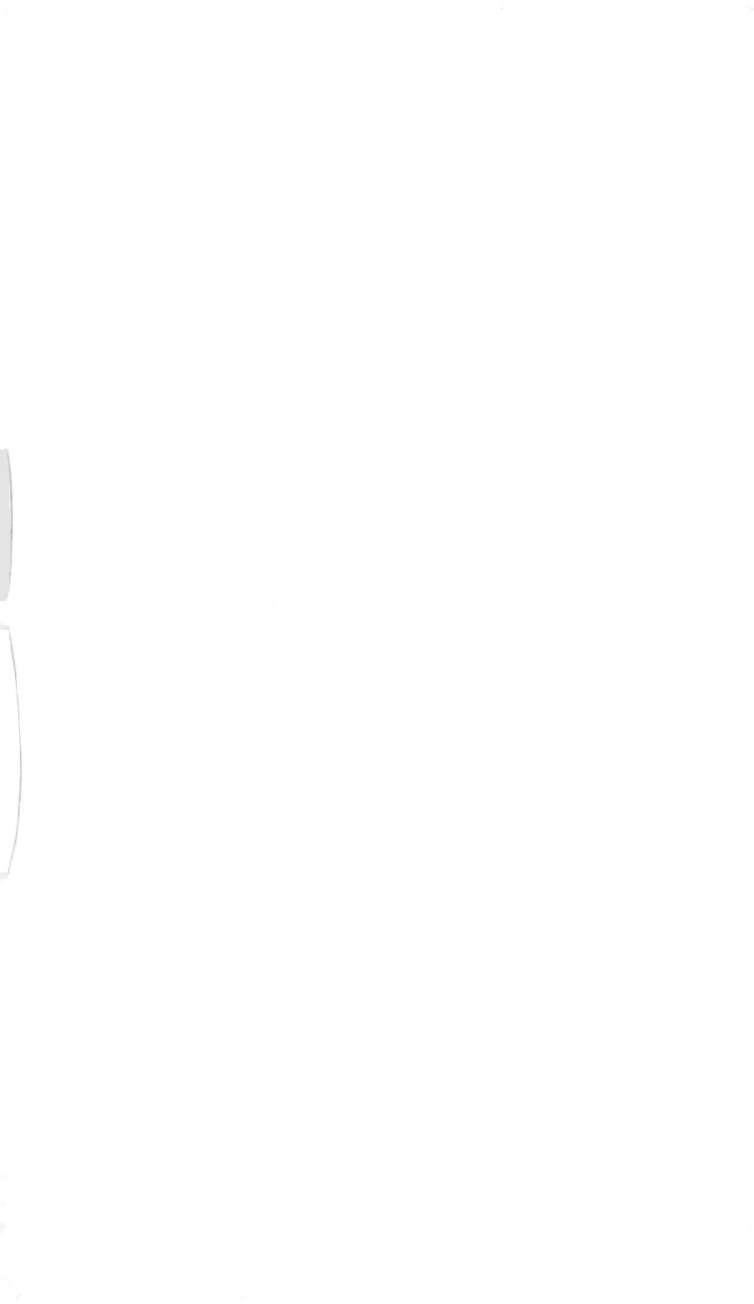

まえがき

この本を書くにあたって、「文章表現」の授業で出講している早稲田大学大学院ジャーナリズムコースの学生たちに次のことを質問してみました。

「文章を書く上で困ったり、悩んだりしていることがあれば挙げてください」

五つまでと限定しましたが、似た答えが多々ありました。それらは・つにまとめて回答例を列記しておきます。

- テーマが与えられても何を書けばいいのかわからず、何も浮かんでこないときもある。
- 使い古された言葉ばかり浮かんできて、いい言葉が思いつかない。
- 書いたことが伝わるか、不安になる。
- 文章の構成（起・承・転・結）がうまくできない。

・どう書き出して、どう終わればいいのか、よくわからない。
・助詞の使い方、とくに「は」と「が」、「も」も難しい。
・題名のつけ方がよくわからない。
・読点と段落で迷う。
・文末に苦労する。

学生たちからそのような回答を得たのと同じころでした。母校の愛媛県新居浜市立大生院中学校で「作文教室」を開くことになり、国語の先生が中学三年生を対象に「作文を書く上で困ることは」というアンケートを取って、その結果を送ってくださいました。これも列記しておきます。

・書く内容が思い浮かばない。
・作文にするような体験がない。
・書き出しをどう始めたらよいかわからない。
・決められた分量まで書くことができない。

・読点を打つところで悩む。
・段落をどこでかえたらよいかわからない。
・文末表現がいつも同じになってしまう。
・同じ言葉を何度も使ってしまう。
・題名のつけ方がわからない。

大学院生と中学生では勉強の質量も相当な違いがあるでしょうに、内容はかなり共通しています。なぜ、これほどまでに悩みや困ったことに違いがないのか、正直、驚きました。

それであらためて思ったのは、「国語」の時間に作文はちゃんと教えられていなかったのではないか、ということでした。そうですね、ぼく自身もコンクールがあるとかで、読書感想文を書かされた覚えはあるものの、小中高を通して「文章の書き方」を教わった記憶はありません。

「綴り方の授業」という言い方はあっても、その授業は「国語の授業」のほんの一環でしかなかった気がするのです。おそらく教育現場では文章は個人の才能で書くべきもので、科目として教えられるようなものではない、と考えてきたのではないでしょうか。

あれは山形大学でしたか、学生たちの文章能力を何とかしなければ、と新入生を対象に「書き方講座」を必修にしたそうです。むべなるかなです。

そんなわけで、この本では文章を書く上での基本的なルールや表現法を中心にまとめてみました。とりわけ念頭に置いたのは、書くべきことが浮かばないといった先の回答例にあるような悩みです。

みなさんは本当は書くべき内容をいっぱい持っているのです。作文など文章の多くは、見たこと聞いたことを含め身をもって体験したことを題材としています。ですから、書くことが思い浮かばない、頭は真っ白なのに時間だけがすぎていくというのは、文章のもとになる体験がうまく引き出されていないだけのことなのです。

この本はそれらの手立てや技法を実践的に習得してほしいと願って書き下ろしました。頭のチャンネルをちょっと切り換える程度で題材が浮かんでくる文章術や、描写力がつき、気のきいた比喩《ひゆ》が思いつく方法などもいろいろ紹介しています。いくら文章の本を読んでも少しもうまくなれない、とはよく聞く声ですが、本書で自信をつけてほしいと思います。

本文は質疑応答の形をとっていますが、設問は主として過去二年間にわたる「文章表現」の授業や学生との折々の雑談で交わしたやりとりをもとに作ったものです。この本の読者のみなさんにも一緒に考えていただこうと、設問を受けた本文の中に随所に問題を織り込みました。

みなさんへの問題のところでは、すぐに答えを見ないで考えてください。それらのドリルで文章への苦手意識がなくなり、これなら書ける、書きたい、と原稿用紙に向かっていただければ幸いです。

そうして書くことが身につけば、考える力も増していきます。書くということは物事への理解度とともにあるからです。

また、書きつつ考え、考えつつ書くことで、脳は活性化します。それだけ頭を使う、すなわち脳の機能を働かせなければならないからです。年代を問わずこの本を手に取っていただきたいと願うしだいです。

書くって、しんどいと言えばしんどい作業です。でも書いたことで意外な発見があったり、人生の進路や生き方の再発見があったり、得られるものは貴重です。それに文句一つ言わずに自分を受け入れてくれるのは、文章のほかにそれほどたくさんはありません。書いて、もやもやした気持ちを晴らす。おすすめです。

それでは始めましょうか。

書くことが思いつかない人のための文章教室／目次

第1章 記憶を描写してみよう

❶—いい文章とは

よくある質問

いい文章とはどんな文章を言うのでしょうか。こうすればいい文章が書けるという作文技術があれば教えてください。

そもそも文章とは?

いい文章とは? と問われても、そもそも文章って何なんだろう、文と文章とは違うのだろうか、などと考え込む人もいるのではないでしょうか。

まず、それらの疑問に答えておきましょう。

文というのは一つのまとまった内容をひと続きの言葉で表したものです。多くは最後に句点(マル)がついています。

その文を、意味がわかるぎりぎりのところで短く区切ったものを文節と言います。文の

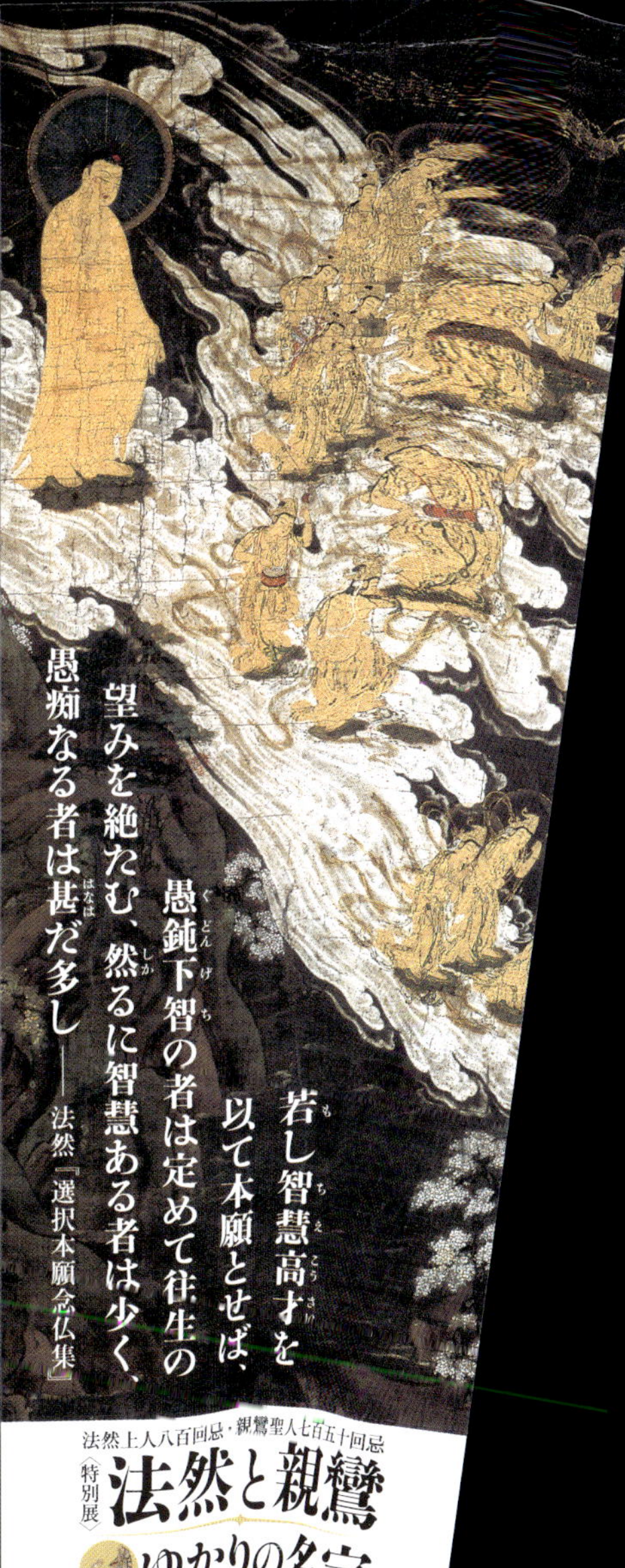
若《も》し智慧《ちえ》高才《こうさい》を
以て本願とせば、
愚鈍下智《ぐどんげち》の者は定めて往生の
望みを絶たむ、然《しか》るに智慧ある者は少く、
愚痴なる者は甚《はなは》だ多し
——法然『選択本願念仏集』

法然上人八百回忌・親鸞聖人七百五十回忌

〈特別展〉

法然と親鸞 ゆかりの名宝

表面解説

智慧や優れた才能を必要とする諸行をもって本願とするならば、智慧のない人々は往生を得る望みを絶たれてしまう。しかも世の中のほとんどは智慧のない愚かな人々だ。

※『選択本願念仏集』は、法然の教えをまとめた浄土宗の根本聖典。

国宝「阿弥陀二十五菩薩来迎図（早来迎）」〔部分〕京都・知恩院蔵

万人を救いたいと願い、仏教界に革命を起こした法然と親鸞。800年の時を超えて実現する史上初の大合同展。

法然上人八百回忌・親鸞聖人七百五十回忌

〈特別展〉

法然と親鸞

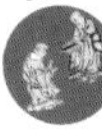

ゆかりの名宝

2011年10月25日［火］〜12月4日［日］

主催：東京国立博物館、NHK、NHKプロモーション、朝日新聞社

開館時間：午前9時30分〜午後5時（金曜日は午後8時まで）

休館日：月曜日

＊入館は閉館の30分前まで

お問い合わせ（ハローダイヤル）03-5777-8600

展覧会方式HP www.honen-shinran.com/

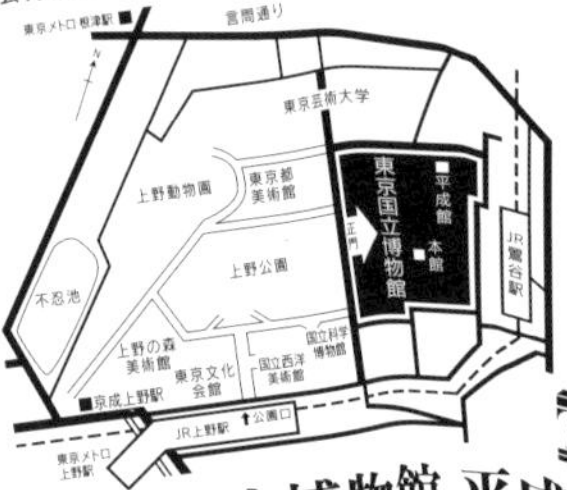

TNM

東京国立博物館 平成館

〒110-8712 東京都台東区上野公園13-9 ［上野公園］

JR「上野駅」公園口、「鶯谷駅」南口より徒歩10分 東京メトロ「上野駅」・「根津駅」、京成電鉄「京成上野駅」より徒歩15分

＊同じ形のしおり7種類のうち3種類を集めて会場に来場すると、先着1000名様に本展のポストカードを1枚プレゼントします（図柄は選べません）。その際、しおりの裏面にスタンプを押させていただきます。

このしおりは入場割引引換券としてご利用頂けます

［一般］	［大学生］	［高校生］
1,500円 ➜1,400円	1,200円 ➜1,100円	900円 ➜800円

＊本券を東京国立博物館正門観覧券売場にお持ちください ＊会期中1枚につき1回限り1名様まで有効 ＊他の割引との併用はできません

間に「ネ」を入れてみれば文節がわかります。

「的確な（ネ）表現の（ネ）文章を（ネ）書きたい」

この文は「的確な」「表現の」「文章を」「書きたい」の四文節から成るわけですね。文節でつながる文を二つ三つと重ねて、自らがとらえた事象や考え、意見などを筋道立てて書いたものが文章です。

それら全体をたとえて言いますと、いくつも節のある一本の竹が文で、何本も集まって形を成している竹林が文章だとイメージしてください。

そこで設問の「いい文章とは？」ですが、まずは中身、すなわち内容があるということ。次にその内容が的確に表現されていること。この二つを挙げなければならないと思います。そしてこれは当然のことなのですが、内容、表現とも借り物ではなく、さまざまな意味において自分自身のものでなければなりません。

みなさんは一人ひとり、この世に唯一無二の存在です。その唯一無二性は自ら体験したことともに、その人ならではのパーソナリティをはぐくみます。

一方、体験は単に身の上に起きた出来事ではありません。人間の意識が強く働いた結果なのです。そのときに思ったこと、考えたこと、さらには織り成す感情とともに、大脳皮質の側頭葉《そくとうよう》というところに長期記憶として保存されます。文章を書く上でその記憶が必要になると、やはり大脳皮質にある前頭葉《ぜんとうよう》が「こういう記憶を」とリクエストします。

ですから、自分というパーソナリティを形成している体験こそが文章の最も大きな源泉、おおもとでして、作文というのはそのおおもとから記憶化された自分自身を引き上げて言葉にする作業にほかなりません。

といってそれらはそのまま言葉になるというものではありません。第一、記憶自体、大喜びしたとか大泣きしたとか、特別な出来事を除けばそれほど鮮明ではないでしょう。なかには部分的にしか浮かんでこないものもあると思われます。

しかし体験も言葉もすべては自分の中にあるわけです。投げ出さないかぎり文章化は不可能ではないはずです。

伝わらないと意味がない

作文や文章の本を開くと、「自分にしか書けないことを、誰が読んでもわかるように書

あなたらしい文章を引き出す、
脳内イメージ

前頭葉

思考、判断、想像など人間のハイレベルな精神作用が営まれているところ。

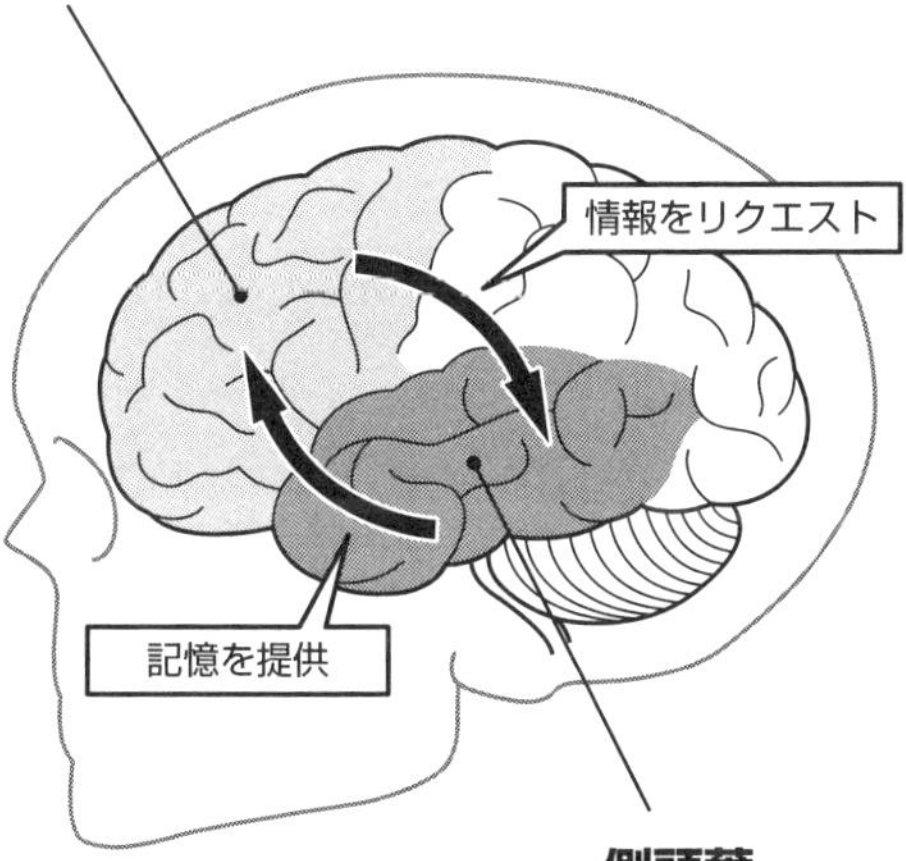

側頭葉

人間のさまざまな体験によって得られる情報は、海馬という部位で一時的に短期記憶として保存される。それらの記憶のうち、いくつかは側頭葉に移って長期記憶として安定的に保存されている。

文章を書く

||

脳のおおもとから、
記憶化された自分自身を引き上げて、言葉にする作業

くこと」とよく強調されています。そのとおりでしょう。内容、表現ともに自分自身のものであれば、「自分にしか書けない」作文になるはずです。

ただし、です。それが読み手に伝わったかどうかは別問題なのです。

確かにこの作文はA君にしか書けない。A君ならではの持ち味が出ている。でも、書いていることがよくわからない。そんな例は決して珍しくないのです。

二〇〇九年度の授業をまとめた『早大院生と考えた文章がうまくなる13の秘訣』（幻冬舎）でも取り上げましたが、「桜」と題した実にわかりにくい学生の作文があって、その中にこんな文章もありました。

……ぽんと鼓を叩く音がした。犬が左足を上げながら、怪訝《けげん》げに空を向いた。釣られて見ると、どすんと言って、葉桜とぼくらに覆いかぶさるように、まっ黒い夜空からピンクの大輪がしだれ落ちてきた。

花火は夜空に何度も咲いては、散った。葉桜は羨《うらや》みをこらえて、夏空にさざなむ。往時の輝きを思って、波立つ。……

ぼくなりに手を入れたのが次の文章です。

……鼓に似たポンという音がする。用を足そうと左足を上げたままの犬が怪訝そうに空を向く。ぼくも空を見上げた。続いてドーンと耳をつんざく音がして、ピンクの花火が空に広がり、ぼくと犬とそばに立っていた一本の葉桜を覆った。真っ黒な夜空に大輪の花が咲いて次々に散った。

葉桜が夏空に向かってそよいでいる。その姿は花火をうらやましがっているようにも見える。自分が満開だったときのことを思って、負けまいと一生懸命に葉を揺さぶっているのだろうか。……

元の原稿は、クラスの全員が「わかりません」と声をそろえたほどでした。でもこの作文の筆者は、いいものを持っているように感じられました。問題は少々独りよがりの文章で、読み手に伝えようという気がなさすぎることでした。

いくら自分にしか書けない文章であっても、読んだ人がわかる、つまり内容が伝わらなければ書いた意味がありません。

独自の内容プラス伝わる表現

文章について多くの著書を残した井上ひさしさんの話を少しさせてください。亡くなれて『井上ひさしの言葉を継ぐために』と題した『岩波ブックレット』が出されたのですが、そこに妻ユリさんの言葉が収められています。

夫の井上さんが憲法を守ろうという「九条の会」での活動を大切にしていたことにふれながら、「言葉を道具に働いている作家として、どうしたら平和や九条を多くの人たちに伝えられるか、九条の講演会でも、あるいは芝居や小説を書くときも、一生懸命苦心してまいりました」とその一端を明らかにして、「平和を守る」という言葉を別の言葉に置き換えていた、と話しておられます。

さて、みなさんに問題です。

問題

井上ひさしさんは、「平和を守る」という表現は「とても美しいけれども残念ながら使い古されてしまった言葉だ」という思いから、独自の表現を考えたのだそうです。「平和を守る」に置き換えた言葉は一体どんな言葉だったのでしょう。

（本書では主に、問題のあるページをめくると答えがわかるようになっています。ページをめくる前に、あなたの答えを考えてみてください）

答えは、こうです。

「普通の人々の日々の暮らしが穏やかに続く、少しでもよりよく続く」

使い古されて、つるっとした言葉になった感のある「平和」を、身近な日常のレベルに置いて本来の価値を増すように伝えようとしていた井上さんの姿勢がうかがえるエピソードですね。

以上のことを整理して、いい文章とは何かとあらためて考えますと、こういうことになるのではないでしょうか。

いい文章＝「独自の内容」＋「伝わる表現」

伝わる。すなわちよくわかるとは描写が具体的でイメージが鮮明にわいてくるとか、要領よくまとまっているので頭にすらすら入ってくるといったことのほか、内容が興味を引き、かつ面白く読めるといったことも含まれるでしょう。

以下、設問や本文中の問題とともに何をどう書けばいいのか、そのヒントを紹介していきたいと思います。

❷——何を書けばいいのか

よくある質問

作文の課題が与えられました。でも書くことが何も浮かんでこない。どうすればいいのでしょうか。とりあえずやるべきことから教えてください。

「思う」ことより「思い出す」こと

作文の宿題や夏休みの日記が書けなくて困っている子ども。「思うことを書けばいいのよ」と母親。よくあるひとコマです。母親の言うように、思うことがそのまま たくさん文字にできればいいのですが、それができないから子どもたちはうんうん言って書きあぐねているわけですよね。

かりに「真夏」というタイトルで作文を書いてください、と言われたとしましょう。「真夏」についてあなたは「思う」ことをメモ書きしてみる。さてそこから先に進めることができるかどうか。どうでしょう、おそらくそれではすぐに行き詰まってしまうでしょうね。ここは頭をチェンジして「思う」ことより「思い出す」こと、すなわち記憶に残る「真夏」の体験の中に材料を求めるべきなんですね。

「思う」は「ぼくはこう思う」という言い方があるとおり、胸の中での一つの判断にすぎません。一方、「思い出す」は「夏がくれば思い出す」という「夏の思い出」の歌詞じゃありませんが、主として記憶にある体験を頭に思い浮かべることです。そうしてテーマに合う事柄を思い出せば、それとかかわるデータもいもづる式にいろいろ浮かんできたりするものです。

ここでみなさんに問題です。

問題

一年の終わりの十二月、師走について「思う」ことと「思い出す」ことを書いてください。そして比べてみて、どちらが作文向きかを考えてください。

思うこと

思い出すこと

ちなみに「文章表現」の授業で学生たちに同様の質問をしたときの答えを列記しておきましょう。

思う

・さびしい
・孤独感
・人間の幸、不幸
・忙しいとか慌ただしさ
・一年の反省
・街のあかり
・薄れる年末行事のこと

思い出す

・暮れも押し詰まったころの祖父の訃報
・船上でのメリークリスマス体験。遠く見えるみなとみらいの夜景
・祖父母の家に帰省する時の父の革ジャンパーの匂い
・親戚一同でやる暮れのそば打ち
・ラグビー早明戦前の一週間、一年生みんなで夜通しでやっていたグラウンドの落

ち葉拾い（グラウンドをきれいに、ということで始まったラグビー部の風習）
・所属していた吹奏楽部の厳しい練習の日々。コンクールが一月にあったので
・野球部恩師の死（もうすぐ一周忌）
・センター試験に向けての勉強
・受験応援の年賀状作り

「思う」ことと「思い出す」ことではこんなにも違うのです。みなさんはどうでしたか。

原稿用紙に向かって何も浮かんでこないとき、いかに乗り切るか。最初の試練です。その手立てとしては具体的に描写しやすく、かつ書き進めやすい題材がいい。それにはやはり「思う」ことより「思い出す」ことだ、とこれはぜひ覚えておいてください。

「師走」というテーマで「さびしい」とか「孤独感」といったことをいくら文章にしようと思っても、それらは心の中のことですから目に定かではありません。五感も働かないから描写もできない。最悪、一行すら書けないということになりかねません。

ちなみに司馬遼太郎さんの『関ヶ原』は、こう書き出されています。

「いま、憶《おも》いだしている」

作品は大小、長短を問わず、「思い出す」ことをおいては始まらないのです。

状況の再現

それでは「思う」ことは書かなくていいのでしょうか。いや、そういうわけではありません。作文は「思い」の産物です。「思い出す」ことも「思い」の世界にあるものです。ただ、心に思うことは形を持っていません。形のあるものは描写しやすいのですが、形のないものを描くのは大変です。

たとえば「つらい」というのは心に抱く思いです。みなさんは「つらい」はつらいと表現すればいいのでは、と言うかもしれませんが、「つらい」というだけの言葉なら、A君の「つらい」もB君の「つらい」もみな一緒だということになります。

でも、そうなんでしょうか。同じつらい体験と言っても、人が違えば体験そのものも異なるはずです。心に抱く感情も人それぞれでしょう。それをみんな同じ「つらい」という形容詞で表現していいものかどうか。つまりどうつらいのかが具体的に書かれていないと、自分の心にある思いをちゃんと表現したことにはならないのです。

そうだとすると、自分がつらいと思った出来事（体験）を細かく描写して、読んだ人に追体験してもらい、そのときの胸中を察してもらう。そういう表現法を心がけるべきなんですね。

母校の中学校で「作文教室」を開いた際、生徒たち（中学三年生）に「つらいと思ったことで今思い出すひとコマを書いてください」と言って、その原稿を提出してもらいました。メモ書きする程度の時間しかなかったのですが、それなりにこちらの趣旨に応えてくれました。

うち二つの作品を紹介しておきます。

母とけんかをした。それからというもの、母はしばらく口を聞いてくれなくなった。一緒にご飯を食べている時も、お笑い番組を見ている時も、二人共、だまったままだ。いつもなら、家族の笑い声が聞こえてくるのだが、なぜか今日は静まりかえっている。ただ、テレビから笑い声が聞こえるだけだ。

スーパーに買い物に行きました。千円持って行きました。私の食べたいおかしや飲み物を持ってレジに行きました。お会計は千円以下だと思ってたのに、一〇〇一円でした。店員さんの困った顔が目に焼きついています。

前者は視覚的な描写がいいですね。テレビのお笑い番組からもれる笑い声との対比で、筆者のつらい胸中が伝わってきます。

後者はつらかったことと言うよりは、困ったことに入るかもしれません。ひとコマの描写力を得て、そのときの胸中はどうだったんだろうと思わせずにはおきません。

ともにつらいと思ったことを感想として書くのではなく、そのときの状況を再現して報告するつもりで書いているからより伝わってくるんですね。

問題

みなさんならつらいと思ったこと、どう書きますか。短い文章でいいですからぜひ書いてみてください。

❸——描写力をどうつけるか

よくある質問

描写力はどうすればつくのでしょうか。参考になるすぐれた描写も紹介してください。

人に報告するつもりで見る

描写力をどうつけるか。何と言っても見たことをしっかり伝えるんだという目的意識を持つことでしょうね。その自覚があれば、全身が目になり、耳になり、五感はいきいきと働いてきます。そうすれば風景にしろ何にしろ、見たものを脳に焼きつけることだって可能です。またそこから思考や感情がもたらされます。逆に言えば、思考や感情は目的意識の産物なのです。

それでは描写力をつける実習です。今、あなたのまわりには何が見えますか。部屋の中の様子や窓から見える風景を描写してみますか。いや、むしろここは五感がより働く外に出てみることにしましょう。たとえば公園や並木の欅をどう描くか。そんなところから始めてみてはどうでしょうか。

とりあえずは欅の前に立ってみる。その際、思い込みの先入観は捨ててください。そのときの見たままの感じ、印象を大切にしてください。意識して見たことの一つ一つが空っぽの頭の中で言葉としてまとまりかけてくるはずです。あわてずに自分なりの言葉が出てくるのを待ってください。

最初から言葉を探したりすると、誰でも書きそうな当たり前の文章になってしまいます。

冬の欅をぼくなりに描いてみました。

丸裸だ。一枚も葉がない。幹が白っぽく、木の骨格を見ているようだ。あたりの空気はキンと張りつめている。さえざえとした冬空に直立する幹から枝がいくつにも分かれ伸びている。全体は扇のようにも竹ぼうきを逆さにしたようにも見える。梢の先端はこれ以上はと思えるほどの細やかさで、たがいに交差して網の日を作っている。葉をいっぱいつけているときは、風のかたちが見える気がしたのに、梢の先がそよぐほどの風に揺れているだけだ。「欅枯る」という季語が浮かぶ。枯れるって、つまりはオールヌードになること。でもこれが木自身の本当の姿（本質）なのかもしれない。魚のうろこのような樹皮は人生ならぬ樹生を物語っている。

とりとめもなく書いてみました。こだわってほしいのは、自分はなぜそう思ったのか、どうしてそう感じ取ったのか。その木そのものに自分だけがとらえた印象、感じ、あるいは発見から出てくる言葉であれば、どんな木にもあてはまるような形容詞句ではないはずです。

　できあいの言葉でなく、その場でもやもやっと浮かび上がった自分の言葉で書いてください。おやっと思うことがあれば、その感覚は大切にしてください。好奇心はあなただけの言葉をもたらしてくれます。

そうすることの繰り返し、トレーニングによって描写力はつくものです。

事物との関係性の確認

「よくある質問」のもう一つは文章家のすぐれた描写を、ということですが、それなら同じ欅を描いたものがいいですね。時代小説の名手だった藤沢周平氏の作品では欅がよく書かれています。エッセイ『小説の周辺』に収められた「冬の散歩道」にこんなくだりがあります。

……広い芝生のある道に出て、芝生のむこうに大きな農家と見事なケヤキの大木が見えて来る。冬の木々は、すべての虚飾をはぎ取られて本来の思想だけで立っているというおもむきがある。

もうちょっと歳取るとああなる、覚悟はいいかと思いながら、道をまた右に曲がって……

藤沢氏は冬の欅に老いる日のことを思い、その覚悟を自らに問うのです。このエッセイは氏が五十八歳のときに書いたものですが、晩年の短編『静かな木』の隠居の武士、孫左衛門の老境と重なってきます。

福泉寺の欅は、闇に沈みこもうとしている町の上にまだすっくと立っていた。落葉の季節は終りかけて、山でも野でも大木は残る葉を振り落とそうとしていた。福泉寺の欅も、この間吹いた強い西風であらかた葉を落としたとみえて、空にのび上がって見える幹も、こまかな枝もすがすがしい裸である。

その木に残る夕映えがさしかけていた。遠い西空からとどくかすかな赤味をとどめて、欅は静かに立っていた。

——あのような最期を迎えられればいい。

ふと、孫左衛門はそう思った。

しかしながら世俗を隔てて生きることは難しい。裸の欅のような老境は簡単ではないと思い知って、こう心の中でつぶやくのです。

「ふむ、生きている限りはなかなかああいうふうにいさぎよくはいかんものらしいて」

『静かな木』の中から、一つ問題です。

問題

文中の○○○（三文字）と○○（二文字）の言葉をそれぞれ考えつつ読んでください。

孫左衛門がいまのように、ふと老年の死を身近に感じることがあるようになったのは、連れ合いを失ってからである。福泉寺の欅にこころをひかれるのも、それと無縁ではないだろう。欅は老木だった。幹は根本の近くでは大人が三人も手をつながなければ巻けないほど太く、樹皮は無数のうろこのように、半ば剝《は》がれて垂れさがっている。そして太い枝の一本は、あきらかに枯死していた。

欅は春には新芽をつけ、やがて木を覆《おお》いつくした新葉がわずかの風にもざわめき立って、三月の日を照り返す。その光景をうつくしいと思わぬではないが、孫左衛門はなにかしら○○を見ているようにも思い、木の○○はすべての飾りをはらい捨てた姿で立っている、いまの季節にあるという感想を捨てきれない。ただしそれは○○の感想というべきものかも知れなかった。

答えは順に「仮の姿」「真実」「老年」です。

若い人には難問ですよね。そのことは承知の上で出題しました。描写するというのは、最終的には自分とその物との関係性を確認する作業だということを、この文章から読み取ってほしいと思ったからです。あとで詳述しますが、文章というのは結局のところ人と人、人と物、人と自然といったそれぞれの関係をどう描くか、それが最大のポイントなんですね。

そこには生きるとは、人間とは、という言いがたいものも含まれてくるんですね。その点でも藤沢氏の手になる欅の描写には、学ぶべき多くのものがちりばめられているように思われます。

④—観察力をどう養うか

よくある質問

描写力は観察力あってのことと思います。観察するとき、とくに留意すべきポイントを教えてください。

全体から部分、部分から細部を

観察力というのは物事を客観的な立場で注意深く、かつ詳しく見ることです。でも、そう言われて、そうか、それなら簡単だ、と思う人はまずいないでしょう。やはり観察する際の目のつけどころと言いますか、ポイントを考えなければなりませんね。

人の表情であれ、自然の姿であれ、まず押さえなければならないのはその特徴です。形状や性質、色合いはどうか。形状・性質を強弱／大小／長短／高低／剛柔／太細／硬軟／深浅……と両面からとらえるのも一つの方法です。色合いも明暗／濃淡／清濁……と確認していけば、頭の中で特徴点がしだいしだいに浮き彫りになってくるでしょう。

その際、全体から部分へ、そして細部へと三点注視で目を移すことが肝要です。とりわけ細部です。全体の感じというのは、誰が見てもそんなに変わるものではありません。でも部分からさらに細部を気をつけて見ているかどうかの差は歴然と出ます。

細部にはそこに本質や表面からはわからない実態が潜んでいることがあります。そのことに気づく、気づかないの差は大きいのです。最小のもので最大のものを得る。得られれば、細かい説明はいりません。説明を避けるためにも、よく観察することです。意地悪なほど細部、細部、細部と目をこらしてください。

文例を挙げてみましょう。高倉健さんの『旅の途中で』に収められている「ひとすじの涙」からの引用です。

何度も繰り返し観ている映画に、

「ゴッドファーザー」があります。

主演はマーロン・ブランド。

イタリア移民の悲しさを、

一人で背負っているようなブランドの演技が秀逸です。
しかし、観る度に、彼の芝居に対して感じるところが変わります。
マフィアのボスであるマーロン・ブランドが路上で撃たれて、
病院の隔離された一室に入院しているシーンが、このところ気になっています。
アル・パチーノ演じる息子マイケルが、ブランドを見舞うと、
誰一人、付添いも護衛も付いていない。
父親の仕事にいちばん批判的で、マフィアを嫌悪していたパチーノなんですが、
ブランドと抗争中の組織が警察を買収して、
父を暗殺するために手を回したとすぐにピンとくるわけです。
枕元で、「パパ、自分が付いているから心配するな」
と呼びかけるパチーノに対して、ブランドは一言も発しない。
最初観た頃は、もう意識不明なのかな、と思っていたんですが、
何度も観ているうちに気づいたのは、
彼が涙をスーッとひとすじ流してるんです。
組織に対して、父親の仕事に対して、

いちばん批判的だった息子の言葉に対するその涙に、ある強さを感じました。

芝居って何なのかな、って、そのシーンを観る度に感じます。

ひと筋の涙。それはいわゆる熱演ではありません。でも強い。健さんは何度も見ているうちに気づいたその演技に感じ入ったのですね。

演技論は文章論にも通じます。過剰な表現より抑えた表現のほうが強い。細部をとらえる目がそれを支えるのです。細部には神だけでなく、人間の真も誠も実も宿っているからですね。

寺田寅彦のぬかりない人間観察

関東大震災では多くの文筆家が直後の状況を克明に描いています。寺田寅彦の随筆『「震災日記」より』は、視覚的な描写に加えて、ぬかりない人間観察がちりばめられておりひと味違います。

その日九月一日、寅彦は上野の二科会展に出かけ、見物の合間、紅茶を飲んでいた店で急激な振動に見舞われます。その描写のあとこんなことを書いています。

同じ食卓に居た人々は大抵最初の最大主要動で吾勝に立上がって出口の方へ駆出して行ったが、自分等の筋向ひに居た中年の夫婦は其時は未だ立たなかった。しかも其夫人がビフテキを食って居たのが、少くも見たところ平然と肉片を口に運んで居たのがハッキリ印象に残って居る。ただし二度目の最大動が来たときは一人残らず出てしまって場内はがらんとしてしまった。

大揺れの中で、何とよく見ていることか。この冷静な観察力には驚かされます。

G・オーウェルがとらえた「死刑囚」

人物描写ではこの文章も挙げておきたいと思います。

ジョージ・オーウェルの一九三〇年代のエッセイ『絞首刑』です。警察官としてイギリスの植民地ビルマに赴いたときの体験にもとづく作品でして、インド人の男性死刑囚の絞首刑に立ち会った「わたし」の目から執行前後の状況が描かれています。とりわけ心に強く残るのは、インド人死刑囚が雑草の庭に設けられた絞首台に連行される場面です。

インド人特有の、決して膝《ひざ》をまっすぐ伸ばさない足どりで跳ねるように進んで行く。ひと足ごとに、筋肉がきれいに動き、一摑《ひとつか》みの頭髪が踊り、濡《ぬ》れた小石の上に彼の足跡がついた。そして一度、衛兵に両肩をつかまれているというのに、彼は途中の水たまりをかるく脇へよけたのだ。

数分後に間違いなく処刑される男が水たまりをよけた。そのことから何が見て取れるのでしょうか。オーウェルはこう続けています。

妙なことだがその瞬間まで、わたしには意識のある一人の健康な人間を殺すというのがどういうことなのか、わかっていなかったのだ。だが、その囚人が水たまりを脇へよけたとき、わたしはまだ盛りにある一つの生命を絶つことの深い意味、言葉では言いつくせない誤りに気がついたのだった。

日々を生きている人間は、本能的にさまざまなことを身につけているものです。水たまりをよけて歩く。それは生身の人間であることの象徴的な行為でしょう。穏やかな日常が生命を支えていることに疑いありません。その日常の平穏は、どうあっても人は人を殺さないという約束の上に成り立つことも疑いようのないことです。

これを読んで死刑制度について考え込んでしまうのも、死刑囚の細やかな動きを見逃さなかったオーウェルの観察力あってのものですね。

話が少々堅苦しくなりました。全体より部分、部分よりさらに細部をクローズアップして実態を描くということで、この一句を味わってください。ぼくが選者の『毎日新聞』（大阪）「近藤流・健康川柳」に寄せられた一句です。

フラダンス手の先だけが波に乗り

岸部一徳をどう描くか

さて、ここでみなさんにトライしていただきます。

問題

次のイラストは誰だかおわかりですね。そう、あの名脇役、岸部一徳さんです。今から彼を描写してほしいのですが一つだけ注文があります。細部にこだわってください。これ以上は申しません。

彼の特徴をどうとらえるか。察するにみなさんは細い目にこだわったのではないでしょうか。ぼくは彼のことをコラムに書いたことがあります。以下はその前半部分です。参考まで。

あれはいつだったか、鏡に映る自分を見て目の下のたるみに気がついた。そして思わず「岸部一徳だ」とつぶやいていた。

テレビの画面で見る彼のたるみは、目よりはるかに大きい。もともと細い目が大きな袋状のたるみでさらに細く見えるほどだ。

本来、目は能弁だ。あの名作「ローマの休日」のオードリー・ヘプバーンなど、セリフの何倍も目が語っていた。しかし岸部さんの目は、たるみに隠れて何も語らない。目がそうだから顔全体、いたって表情に乏しい。おまけに彼は笑わない。笑っても口の端でちょっと笑うぐらいだ。

そんなぐあいに万事にわたってエネルギーを惜しんでいるかのような演技なので、敵か見方かさえもわからない。それで一層存在感を増し、ドラマを面白くさせているのだった。

それに比べ、いや、比べたって仕方ないのだが、ぼくのたるみは岸部さんになるまでにはまだ間がある。目もまだものを言うし、よく笑う。というより努めて笑うようにしている。

❺——描写と説明の違い

よくある質問

描写の大切さはよくわかるのですが、説明しないとわからないところもあるのではないでしょうか。描写と説明の関係を具体的に教えてください。

説明は必要最小限度に

確かに描写だけでは読み手に伝わらないこともあるでしょう。そのことの由来、起きてきた経過、事のあらましなどは説明して補う。理性的に説明することも必要になります。「〇〇〇〇」と言った、などの会話文のあとも、多少説明しないとわからないところがあります。ですから文章は描写あり、説明あり、会話の文もあれば会話を受けた地の文もありで、それぞれが役割を担い、たがいに補い合わなければなりません。またそうしてこそ文章の伝達力や喚起力は増すのです。

それではどういう場合に描写と説明が、その役割を果たすのでしょうか。

以下は、酒びたりの生活の果てに急死した横山やすしさんを追悼しての拙文です。『サンデー毎日』（九六年二月十一日号）の編集長コラム「東西」から部分引用しました。

やすしさんとは、西川きよしさんの参院選出馬で本業の漫才ができなくなった日々を取材して一冊の本（『やすし・きよしの長い夏』新潮社）を出した縁で個人的なつき合いがありました。型破りな芸人の知られざる一面を描写しつつ、お笑い芸人のタイプについて説明を加えています。

「やすし急死」を受けたスポーツ紙の大々的な扱いやワイドショーの連日の「やすし特番」、さらには葬送の長い列を見ていると、もって瞑すべしというか、やっさん、よかったね、と言いたくもなる。

しかし、死は死であり、その死にざまはなんとも痛ましい。根っからの漫才師が最期まで漫才をまっとうできなかった無念とその鬱屈した思いを察すると、私はまとまった言葉を持つことができないのである。

いろいろなことが思い出される。

描写文

ただでさえ寂しがり屋のやすしだったが、その日はよほど話し相手が欲しかったのだろう、自宅を訪れた私を深夜になっても放してくれなかった。「今夜はこれで」と立ち上がりかけても、時計をテーブルに置いて、「これであと十五分、もう十五分付き合うてえな」とせがんでくる。

そうしてまた話し相手になって、どうにか解放されたのは翌日未明のことだった。玄関先から奥をうかがうと、やすしは模型飛行機のプロペラをくるくる回しながら、こちらをじっと見つめている。夜の静けさのなかで、プルン、プルンとはかなく響くプロペラの音……。やすしのどこか鋭く、どこか哀しげな目を、私はいまも忘れられない。

説明文

およそお笑い芸人はふたつのタイプに分けられるだろう。ひとつは、滑ったり転んだりしながら、うかうかとやり過ごしている危ういタイプ、もうひとつは、身すぎ世すぎでこんなアホなことをやっているけど、そのうちいつか……、といった気配を漂わせているタイプである。

言うまでもなくやすしは前者であった。相方のきよしは国会議員になったわけだから、後者の芸人と言っていいかもしれない。

きよしの参院選出馬で本業の漫才ができなくなったやすしは、はた目にもイラだっていて、その間の言動は、危うく、きわどかった。……

まず「ただでさえ寂しがり屋のやすしだったが〜私はいまも忘れられない。」の文章で、やすしさんの寂しがり屋である様子がよくわかる情景を描写しています。そして「およそお笑い芸人は〜後者の芸人と言っていいかもしれない。」の文章で、お笑い芸人のタイプを二つにわけて、より冷静にとらえるための説明をしています。

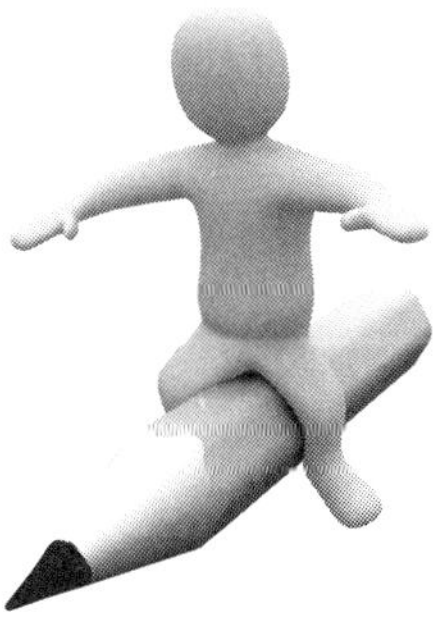

説明だけですませるな

では、ここで問題です。

問題

「子どものころ、母は病弱だった」、あるいは「家は貧乏だった」などと単なる説明だけですまされている文章があります。これではどう病弱だったのか、どう貧乏だったのかがわかりません。その様子や状態を具体的に描き出してほしいところです。

みなさんなら「子どものころ、母は病弱だった」「子どものころ、家は貧乏だった」のあと、どう書きますか。

子どものころ、母は病弱だった。

子どものころ、家は貧乏だった。

授業でも学生たちに考えてもらいました。それぞれ一例ずつ紹介しておきます。

子どものころ、母は病弱だった。
学校から帰りランドセルを放り投げると、二階へ駆け上がった。母の部屋のドアを開けると、母は静かに寝息を立てている。今日は調子が悪いのだろうか。母の隣に潜り込んだ。布団のぬくもりは母の香りを包み込んでいる。「ただいま」と言うと、母は腕の中の私の頭を撫でながら「おかえり」と小さく笑った。

子どものころ、家は貧乏だった。
先生が家にやってくると、母は急いで茶菓子の準備をした。茶渋が染みついた湯呑みを申し訳なさそうに出している。先生は給食費の催促を兼ねてやって来たのだ。破れたストッキングを隠すように座って頭を下げる母を見て、ぼくは給食を食べるのをやめようと思った。

描写はひとコマでもいいんですね。場面を再現して、読者にそうか、そういうことか、とわかってもらえば、それで十分なのです。

ところで先日、女子学生から就職活動で書いたという「失敗体験」と題した作文の感想を求められました。中学時代から同じ部活で頑張っていた友人が、高校一年の冬に白血病で亡くなったという話にふれて、深く後悔していると次のような場面が書かれていました。

高校二年生の春、学校の階段で復学してきた彼女に出会った。私は声をかけようとしてやめた。一年間話してなかったのでもう友達だと思われていないかもしれない。自分だけが友達気分だったら恥ずかしいと思った。

ぼくは「再会した場面はもっと具体的に描写すべきですよ」と言うと、後日、彼女は次のように書き換えた作文を送ってきました。

高校二年の春、学校の階段を上がっていると、懐かしい顔に出会った。復学した彼女だった。やせていて髪の毛がなかった。足を引きずり階段を下りるのに必死だ。私は話しかけようとしてやめた。一年以上話していないので友達と思われていないかもしれない。正直に言うと、何と声をかけてよいかわからなかった。

城山三郎氏はつねづねおっしゃっていました。「心情吐露や説明はいらない。描写が大切だ」。再び出会ったときの彼女の様子を描写するだけで場面が浮かんでくるのはもちろん、声をかけられなかった彼女の胸中も見えてくる気がします。

説明する必要があれば、そうしてください。しかし大切な場面で、かつ描写できるのに説明で簡単にすませるのはやめてください。

❻――独自の視点で書くには

よくある質問

見方のユニークな作文は点数も高いと聞きます。独自の見方を身につけるノウハウはあるのでしょうか。

納得／共感／驚き・不思議

作文もつまるところは見方かなあ、と思うところが確かにあります。着眼点が面白い。つまり見方、視点が独特ですと、なるほどこういうとらえ方もあるのか、と引きつけられます。文章には多少問題があっても、高い点数がつくのではないでしょうか。マスコミ関係などはとくにそうでしょうね。

みなさんがどこまで意識しているかはともかく、世の中には社会通念なるものが幅をきかせています。それらは「子どもは正直だ」とか、「スポーツマンはさわやかだ」とか、半ば常識のように言われていることなので、いつしか人々の頭にすみついて思考や判断力さえ左右しています。

しかも現代は情報化社会です。事件にしろ話題にしろ似たような価値判断と言説で流されますから、物事の是非善悪の判断までが刷り込まれがちです。

しかしすでに述べたとおり、書く以上は自分ならではの内容と表現であるべきです。社会通念にまつわる既成概念や固定観念は、自分の中から追っ払ってかかるべきです。

その上で、自分独自の見方ができるようになるにはどんな手立てがあるかですが、ぼく自身がやっていることを少し紹介しておきます。あくまで参考です。

見方・視点は「①**納得**」「②**共感**」「③**驚き・不思議**」の三つのファイルに分け、新聞や雑誌、本に登場の人の話でそれらに該当するものがあれば切り抜いたり、コピーしてそのファイルに収めています。この作業をやるだけで、ファイルの内容は印象に残り、一層記憶に刻まれます。

加えて、こういう見方があるのか、と受け止めることで、物事のとらえ方のコツを学ぶことができます。

ちなみに『毎日新聞』夕刊の「新幸福論」に登場していただいた方々の言葉をファイル

から抜き取って紹介しますと――

①納得

明治大学教授　北野大さん

僕が高校から帰ってくると、おふくろが駅にいる。「おまえが帰ってくるのを待っていたんだよ。おなかすいていないかい？」

近くのすし屋に連れていき、握りずしを注文してくれる。自分は食べない。そして「おまえだけだよ、あんちゃん、武に言っちゃいけないよ」と言うんです。「兄弟の中で自分だけ特別に目をかけられている、頑張らなくちゃ」と思いました。ずっと後になって、「実は、兄にも弟にも同じことをしていた」とおふくろから聞かされました。

漫画家　黒鉄ヒロシさん

例えば酒場で男女が別れ話をしていたとする。男の話を聞いても真実は分からない。女の話を突き合わせてもなお真実は分からない。でも、男女の横にいたバーテンダーに聞くと、「2人ともバカなんですよ」と問題がすっと氷解することがある。我々が手に入れなければならないのは、バーテンダーの視座でしょう。

②共感

ホスピス医 徳永進さん

日常生活ほど幸せを作るものはない。勤務医のころ、「死の前にしたいことは何ですか」と聞いたら、「道を歩いてみたい」と言った女性がいたんです。きっと素晴らしい道に違いない、とついていったら、ありふれたアスファルト道路。右に曲がると、スーパーがある。いつもの買い物をしてご主人の酒のつまみを作る。日常が命を支えてるんです。

エッセイスト 岸本葉子さん

覚えている景色があります。手術して一年もたたない夏の日、マンションの猫の額ほどの庭に下り、草むしりをしました。汗をかき、終わってきれいな庭を見たらとても爽快感《そうかいかん》がありました。草むしりとがんは直接関係ありません。しかし、その時「ストレスの原因を取り除けなくても、ストレスを軽減することはできるのではないか」と思いました。

③驚き・不思議

明治大学教授　諸富祥彦さん

（若いころ、ドン底の気分で電車にふらふらと飛び込みそうになった時、どうして思いとどまることができたかを自ら語って）

心理学を勉強していてよかった。脱同一化という手法です。一歩下がって自分を眺める。例えば、「死にたい自分はそこ、私はここ」と、大きな声に出して言うのです。

これらの方々の話は、ほー、なるほど、とうなずいたり、そう、そのとおりだ、と感じ入って共感したり、へー、そんなことができるんだ、と驚いたりしつつ読んでファイル化したものですが、独自の見方もそういう作業とともに養われていくように思われます。

屁理屈でけっこう

ところでぼくは小理屈は嫌いですが、屁理屈は嫌いじゃありません。小理屈は小利口な感じで、ちょっと嫌みなところがあります。でも屁理屈は何か勝手で好き放題言っているようで、それが捨て難い。とくに堂々とこねられた屁理屈は読ませますね。

古代ローマの哲学者・政治家キケローの『老年について』(中務哲郎訳)は、ローマの伝統的な価値の擁護者である政治家・文人大カトーが、文武に秀でた二人の若者に自らの到達した境地を語る形をとった対話篇で、老年がいかに素晴らしいかを説いて、世の中の一般的な老いへの見方に反論を加えてみせます。ぼくに言わせれば堂々たる屁理屈でして、実に痛快です。

老年が惨めだと思われる以下の四つの理由「①公の活動ができなくなる」「②肉体が弱る」「③快楽が奪われる」「④死が近付く」——を挙げた上で、その一つ一つに反論していきます。たとえば③についてはこうです。

……快楽への欲望に急《せ》かされて手を染めずに済む罪や悪行はないのだ。まことに、淫行や姦通や全てこの類の不品行は、他ならぬ快楽の誘惑によって焚きつけられる。

人間にはまた、自然からというか神様からというか、精神にもまして素晴らしいものは授けられていないのだが、この天来の賜物にとっては快楽ほど有害なものはない。……

さらにこう述べて、老年を謳《うた》い上げてみせるのです。

しかし老年にとって、いわば肉欲や野望や争いや敵意やあらゆる欲望への服役期間が満了して、心が自足している、いわゆる心が自分自身と共に生きる、というのは何と価値あることか。まことに、研究や学問という糧のようなものが幾らかでもあれば、暇のある老年ほど喜ばしいものはないのだ。

④の死についても、こう割り切っています。

……死というものは、もし魂をすっかり消滅させるものならば無視してよいし、魂が永遠にあり続ける所へと導いてくれるものならば、待ち望みさえすべきだ。第三の道は見つけようがないのだ。

正直言って暗い老年論は聞き飽きました。そんなときに読んだこの本は紀元前一世紀の政治家や文人の熱弁であることを思うと、現代人の老いへの悲観論がある意味情けなくも感じられてくるのです。みなさんに長寿の祖父母がいらっしゃれば、ぜひ読んであげてください。何よりのエールになると思います。

ただし、これも一つの見方です。先にも述べたようにこれは屁理屈だとか、時代も違う、宗教も絡んでの意見だろう、などの反論はあるでしょう。でも反論はどんな考え方にもあるものです。書く前からいちいち気にする必要はありません。反論、大歓迎のつもりで意表をつく角度からのうがった見方や、あなたならではのとらえ方を奔放に、かつそれでいて一本筋の通った内容のものを書き上げてください。

ここではもう一つ、強調しておきたいことがあります。それは日々の暮らしのちょっとした驚きや不思議を大事にしてほしいということです。どうしてだろう、不思議だなあ、と疑問を持つところから見方がさまざまに広がっていくのです。

「不思議」発見

臨床心理学の第一人者で、文化庁長官でもあった河合隼雄氏の『対話する人間』に収められたこの話、思考のヒントが得られそうですよ。

——ものすごく馬鹿げたことのようなことが私の存在を支えているように思います。例えば、家に帰ったら「おかえり」と言ってくれる人がいるとかね。それから、家で寝ころんでても出ていけと簡単には言われないとか（笑）。皆さん笑われますけどね、家に帰ってごろんと寝ころんだら、ちゃんと座りなさいとか父親として行儀良くふるまえなんていう人がおったら、たまらんと思いますねえ。要するに、僕という人間が割合い勝手なことをしても、僕の勝手な存在というものを入れこんでる空間といいますか場所といいますか、そういうものがある。もっと言いますと、電車の駅おりて家まで帰ってくる間の景色がいっつも同じ景色やいうのが大事なことやないでしょうか。帰ってくる時に、家が三軒ほどぽうっとなくなってたり（笑）、家に帰ってみたら二階のはずやったのに、急に五階になってたり（笑）……。で、そんなことになったらものすごく不安になると思うんです。

あまり気がついておられないかも知れませんけれども、松の木が一本はえてるというだけでもたいしたことでしてね、いつも通る道に同じ松の木があるなんていうことは実はすごいことなんですすねえ。やっぱり僕という存在を支えてくれてる。

もし松の木がなかったら……。ふだんは思ってみないものに着目して、実はとってもありがたいものなのでは、というわけなんですね。

何事も当たり前に受け止めず、こういうことは言えないだろうか、と仮説を立ててみる。そこから生まれる文章なら、多くの読者を引きつけるのではないでしょうか。不思議な声を聞いたような気がして、はっとするんですね。

芥川賞作家、川上未映子さんはおっしゃっています。

「書きながら、自分にとっての驚きや問いを発見したい。そこに行くしか体験できないことがあるような場所。そういう場所のようなエッセーを書きたいと考えています」

彼女のエッセイ集『世界クッキー』は驚きや問いかけにあふれています。

本棚を何気に見上げれば、本しかないことに驚いた。わあ。ここには、本しかない。タイトル、著者名、時を経て残っているのは見事に言葉、言葉。ここにあるのは言葉で紡がれた、物語だけなのでありました。そうするともう、背表紙がなんだかお墓のように見えてきて大変だ。物語は残っていても、人は誰も残っていない。そしてまた、人に読まれて継がれてゆくのも、物語以外にはありえない。そんな風にそれぞれの物語がそれ自身を認識させるために作家を選んでやって来て、俺は夢野久作、あたしサリンジャー、じゃあ僕は尾崎翠で、といった具合で作家は文字通り使い捨て、まさに物語のためにあり、われわれ読者が発見するのは結局いつも、物語そのものなのである。

こう人ごとのように書いて、「ひょんなことから小説を書くことになり」と続くのですが、自ら「不思議」を育て、「驚き」を発見し、そうして文章を作る、つまり作文というものの一つの典型か、と思ってみたりもします。

人間って？　生きるって？

人間というものの不思議を知る何よりの対象は自分自身です。あれも好き、これも好き。ああも思い、こうも思う自分。泣きながら笑っていたりの二重性、多重性。そしてますます人間存在の不思議や矛盾を思うとき、通りいっぺんの社会通念など書くことにおいて何の意味もない、そして自分にとことんこだわるかぎり、百人に百人の意見や見方があって何の不思議もないことにも気づくのです。

ぼくらは文章を書くことをとおして考えを深め、自分自身を見つめているところがあります。それが文章を作るということでもあり、作文の良さでもあるんですね。

教室の学生たちの顔ぶれが変わるつど、ぼくは人間って何なのか、人間が生きるって何なんだろうと問いかけます。すぐに答えられるような事柄ではないですよね。それがわかっていたら苦労しません、の質問でしょう。ただ、文章を書くというのは結局のところ人間とは、生きるとは、そして人生とは、と考えつつ、日々のよしなしごとを書いて、それらの答えに少しでも近づいていくことだという思いもあって聞いてみるわけです。

ここで問題です。

問題

人間って何なのか、生きるって何なんだろう、そして人生とは――みなさんならどう答えますか。

ある男子学生の「生きるとは、ふとんから起き上がるときの決意です」という答えには笑ってしまいました。でも強く印象に残りました。

女子学生の一人は、人生とは、の答えで伊坂幸太郎さんが『終末のフール』に掲げた題辞の言葉を挙げていました。

Today is the first day of the rest of your life.

今日という日は残された日々の最初の一日。

——by Charles Dederich

今日が文章を勉強しようと思ってこの本を買い求めた最初の一日だという方がいらしたら、先の質問、真面目に考えてみてください。

最後にぼくからこの言葉を。

遠藤周作さんのエッセイ『ひとりを愛し続ける本』からの引用です。

だらしなく、うす穢《よご》れた我々の日常生活にも「しーん」とした何かが入りこんでくる時がある。その時を私は「人生の時」とよびたい。それは「生活の時間」にさしこんできた「人生の時間」なのだ。

もう一つ。『夢を見るために毎朝僕は目覚めるのです　村上春樹インタビュー集1997－2009』の「走っているときに僕のいる場所は、穏やかな場所です」で、聞き手との間でこんなやり取りがあります。

――今五十九歳ですが、マラソンにはあとどれくらい参加しようと考えていらっしゃいますか。

村上　歩ける限りは、ずっと走るつもりです。僕が墓碑銘に刻んでもらいたいと思っている文句をご存じでしょうか。

――教えてください。

村上　「少なくとも最後まで歩かなかった」、墓石にそう刻んでもらいたい。

第2章 伝わる文章の秘密

❼——「人プラス物」

よくある質問

描写力の持つ伝える力やイメージを喚起する力を、さらに高める手立てはあるのでしょうか。

「人プラス物」で書こう

ありま す。具体的な描写の大切さはすでに説明しましたが、その描写の中に人と物をうまく取り入れるだけで、その場面はさらにくっきりと浮かび上がります。物は広く考えてください。事物ととらえていただいてもけっこうです。より伝わる文章表現は「人プラス物」です。

みなさんは以前のテレビドラマ「北の国から」をご存知ですか。倉本聰さんの脚本で一九八一年十月から翌年の三月まで連続ドラマとして、それ以降は二、三年に一度のスペシャル番組として放送され、二〇〇二年九月の「2002遺書」で幕を閉じた人気ドラマです。その間、実に二十二年間、北海道は富良野市街からずっと奥へ入った山村を舞台に、妻と別れて再出発した黒板五郎（田中邦衛）と二人の子ども純（吉岡秀隆）、蛍（中嶋朋子）の物語が続きました。

人間、感動した場面は忘れないものですが、このドラマの感動シーンは？　の視聴者アンケートでも上位だったひとコマに、中学を出て東京へ行く純がトラックに便乗させてもらう場面があります。「'87　初恋」のラストシーンでした。

純が助手席に乗り込むとトラックの運転手（古尾谷雅人）が封筒を手渡し、純に見るように促します。以下のセリフは倉本さんの脚本からの引用です。

「しまっとけ。金だ。いらんっていうのにおやじが置いてった。しまっとけ」

「あ、いやそれは」

「いいから、お前が記念にとっとけ」

「いえ、アノ」

「ピン札に泥がついている。お前のおやじの手についてた泥だろう」

「オラは受取れん。お前の宝にしろ。貴重なピン札だ。一生とっとけ」

純は封筒の中から出てきた一万円二枚を見つめて涙を流します。

では、ここで考えてみてください。純はなぜ涙を流したのでしょうか。

おわかりですよね。隅に泥のついた一万円札に、土にまみれて働く父親の姿が重なったんですね。

倉本さんは自らが手がける作品の意図にふれて、「アナログで根源的なところから人の感情を動かしていきたかった」と自伝的エッセイに書いています。この言葉のとおり、ぼくらは根源的なところから感情を揺り動かされました。それは明らかに労働者としての父親とお札の泥のせいでした。「人プラス物」の力はことほどさように絶大です。

戦後、日本経済も数理化され、投機取引が優先する中で、物づくりよりペーパーの上だけでのマネーゲームが横行しました。でも、働くってどういうことなんだろう。倉本さんは札に泥をつけて人間の心に訴えかけたのです。まっとうな労働に支えられて育った山村の親子に、そういう形でエールを送りたかったのでしょう。

事物に託そう

ところでこれは脚本による映像の世界のものです。引き続き映像とは無関係に書かれた文章で、「人プラス物」のイメージ効果を考えてみましょう。

ぼくらの生活は物とともにあります。戦後、便利さを求めるのと一緒に身のまわりは物であふれ、今日ではいかに捨てるかといった本がベストセラーになったりしています。

しかし捨てられない、人情にふれてくる物もあります。なかには精神的、物質的両面を併せ持つ物もあります。その物は値打ちや大小などにかかわらず、そこに在るということそのことに意味を感じさせ、ときに語りかけてきたりもするのです。

こんな川柳があります。

　歯ブラシはそっと寄り添うケンカ後も

夫に先立たれた奥さんはこんな句も詠んでいます。

　夫逝きなかなか減らぬ歯磨き粉

その句にふれて、ぼくは津村節子さんの短編『遍路みち』のこんな場面を思い浮かべていました。

洗面所のコップの中の二本の歯ブラシを見ると、一本も虫歯のないことを自慢していたことを思い出した。夫の母親が、おまえは口もとがいいね、と言っていたという話をからかいながら口にすると、かれはふざけて口角を少し上げて笑ってみせた。育子はその笑顔を思い出して嗚咽《おえつ》した。

「夫」は四年前に亡くなった吉村昭さん、「育子」は著者自身でしょう。身近な人の死は新たな形を持ってやってくると言いますが、それは物と一緒の場合がけっこう多いんですね。

こんな川柳もあります。

亡夫の靴へふと足入れてみたくなり

靴底に足を入れていく感覚から悲しみの深さが伝わってきますよね。「人プラス物」はリズムを持った韻文の短詩でも、一般の文章の散文でも、伝え伝わる力をいかんなく発揮するのです。

その靴ですが、奥さんをガンで亡くされた国立がんセンター名誉総長である垣添忠生氏は著書『妻を看取る日』の中で、ありし日の一日をこんなふうに描いています。

病室では妻に少しでも明るい気分で過ごしてもらおうと気を張っていたが、病院から一歩外に出た途端、動き続けている世界に一人でいることになるのだという言い知れない孤独感に襲われた。

師走を迎え、買い物客でにぎわう銀座通りを一人歩く。まわりの人はみな幸福そうに見えた。私のように、心の中に嵐が渦巻いている人もいるというのに……。雑踏の中に身を置くと、自分のまわりにだけ冷たい風がまとわりついているような気がした。

そんなとき、よく立ち寄ったのが病院の近くにある帝国ホテルだ。その地下には靴磨きコーナーがある。ほんの十分程度ではあるが、ベテランの職人さんの手際のいい仕事ぶりを見ながら、たわいのない会話を交わすと心がなごんだ。

革靴は見違えるようなツヤを取り戻し、そうすると、私の心も元気を取り戻すような気がした。明日からまたがんばろうと、新たな気持ちで家路につくことができた。今でもときどき、ふらっと立ち寄っては磨いてもらっている。

やはり奥さんを亡くして一人暮らしを続けている作家の眉村卓さんも、『毎日新聞』で「気力が体裁をつくるのではなく、体裁が気力をつくることもあると思う。生活にボロを出さないようにと思うと、どこか頑張るでしょ。底の抜けた靴を履いていることがないようにとか、新しいズボン買わないとと思うと、気力が持ちますよね」と語っていました。垣添さんとはMBSラジオの番組でご一緒したことがあります。そのとき眉村さんの話をすると、「なるほど、それはありますすね」と靴を磨いてもらうと気持ちがしゃんとするといった先のとおりの話をなさっていました。考えてみれば靴は歩くことをとおして日々と深くかかわっています。靴をはかずして長い人生の道のりは歩けません。

こういう文例から事物をして語らしめる「人プラス物」の描き方を学び取ってほしいと思います。物はそのままにしていては何も語りません。でも、感情を託して描くと静かに語り始め、あなたの胸の内までも表現してくれるのです。

「人プラス物」では、学生たちが提出した中にもいい作文があります。その一編を紹介しておきましょう。

祖父の死

Y・M

祖父が死んだ。今年の夏のことである。身内の不幸はこれが初めてだ。

実感が湧かない。ベルトコンベアーに乗せられた荷物のように祖父は火葬場へと運ばれていった。その途中の出来事だ。

「ばあちゃんがおらん」。誰かが声を張り上げた。忙しさのあまりバスに乗るのを誰も確認していなかったのだ。

火葬場では「後がつかえてますから」の葬儀屋の声にせかされるように、祖父は場内へと吸い込まれていった。タクシーで急いで迎えに戻ると、祖母はかたくなに行くのを拒んだ。

祖母は明るい人だ。どんなに久しぶりの帰省でも必ず冗談と笑顔で迎えてくれた。

綺麗に白く染まった髪が自慢で、おしゃれなくせに家族の前で豪快にオナラを「ブッ」とやる。祖父を指差して「耳が遠いからどうせ聞こえない」などと言いながら。

そんな姿からはいずれ訪れる「死」の時さえも、冗談に変えて笑い飛ばしてしまいそうな気さえしていた。だがこの日の祖母は違った。今まで祖父が横たわっていた場所にうずくまり、一点を見つめながら首を横に振るだけだった。

両親の腕に支えられた祖母が、今にも倒れそうな足取りで焼き場へ少しずつ歩を進めていく。掲げられた祖父の遺影が見えたとき、地面にペタリと座りこんで震える手に数珠をくくり付けた。

「もうすぐそっち行くけんね」

ぽつりと言ったそばで、祖父が使っていた杖がころりころりと転がった。

いまにも雨がふってきそうな灰色の雲があたりを包む。祖父を焼く炎の音と転がっていく杖の音だけが、ガラスのような空気の中に響いていた。

杖のころりころりという物音が胸に響いてくるようです。

8―情景描写の効果

よくある質問

伝える上で「人プラス物」の「物」に代わるほかのものはないのでしょうか。

ひとコマの生活情景

あります。情景です。とりわけ生活情景のワンシーンの描写効果は抜群です。

ぼくは手紙に書き添える季節感も、こちらのちょっとした日々の様了と一緒に伝えるようにしています。

「今朝、ベランダに出てみると、枯れたと思っていた鉢植えのバラがたくさん芽を出していました。何か力を与えられたようで、一つ伸びをしながらサァーと声を出していました」などと書いたのは確か五月のころ、知人への手紙でした。

猛暑の続く日は、海沿いに住んでいながらもっと海に近い場所に高層マンションが次々と建って海風をさえぎるので、熱帯夜がひどくなるばかりですとか、窓辺に置いた鉢植えのポトスが日の差し込む窓を覆わんばかりに伸びて、スダレ代わりになりましたとか、いろいろ書いて出したものです。

竹細工のようにやせた体だから、いっそ風を通してくれれば涼しいのに、などとも書いて、自分でもアホだと思いつつ、いや暑さで少々ヘンになっているんだろうと思ってもらえれば、と納得していました。

手紙の結びの前にも、わが家から西方に見える富士山にふれて、こんなひとコマを入れたりもしました。

「夕方、朱のさした空に切り絵のように浮かび上がってきます。何事もないかのような大きさ。いろいろあっても、ま、いいかと思えてきます」

近況を伝えるひとコマの生活情景を入れると、相手はそこにこちらの元気そうな気配を感じ取ってくれるものです。

そこに見えてくる心づかい

鳥取市内にホスピス施設のある病院を開設している徳永進院長の文章はひとコマひとコ

マ情景を描いて読ませます。『朝日新聞』の「こころのページ」にお書きになっていた「ヒグラシの鳴くころ」に「数時間でもいいから家に帰ってみたい」というガン末期の主婦「トヨさん」の様子が描かれています。帰宅する場面からの引用です。

酸素ボンベを積んで福祉タクシーに乗った。乗ったのはご主人とぼくと非番の看護婦さんとトヨさん。「農協のスーパーだぞ、面影橋だぞ、津ノ井の駅だぞ」とご主人はやさしく説明した。トヨさんは目をつむっている。二カ月ぶりの帰宅、感涙にむせぶものがあるかと察した時だ。「あんた」とトヨさんが言った。「あんた、目がかゆい。そっちじゃないこっち」

鳥取市から十三キロ離れた農村にトヨさんの家はあった。庭にはリルスベリやマキ、カエデ、カリンの大きな木が繁っていた。

「ああええなあ、家はええなあ」。トヨさんは畳の上に横になった。「ああこのひんやりした畳、ええなあ」

三十分がたっただろうか、「なああんた、うちなあ、家におったら、いけんか」。ご主人はうなずいた。ぼくと看護婦もうなずいた。遠くからヒグランの声が聞こえてきた。

セミしぐれを聞いていると、家で亡くなったトヨさんのことを思い出す。

第❹節でも取り上げた観察力が随所で生きている文章です。福祉タクシーの中のひとコマ、家に帰って畳の上に横になったひとコマ。こちらはそれぞれの場面に感情移入してしまいます。夫やホスピス医の心づかいや思いやりがそこに表れ見えてくるからですね。

さて、ここでみなさんに問題です。

問題

つい最近、ぼくの友人がこんな話をしていました。

大阪の家に電話したところ、「通帳がないんやわ。なんぼ捜しても見つかれへん」と困り果てた母親の声がする。友人は「またかいな。いっつも言うてるやろ。大事なもんは一カ所に置いときやって」とたしなめる口調で言ったあと、ふとこんなことを思ったそうです。

ああ、母親がそこに変わらずにいる。普段の生活がそこにあるんだなあ、と。

「なんか泣けてきてなあ」と友人はしみじみとした声になっていました。

ぼくにはなんとなく友人の泣けてきた気持ちがわかる気がしたのですが、みなさんは彼の涙の理由は何だと思いますか。

答えに代えて友人の言葉をそのまま記しておきます。

「常日ごろがあるということかなあ。それが幸せなんやと思うわ。いるべき人がそこにいるというごくごく当たり前のことが、本当はものすごくかけがえのないことなんやけど、いつもほかのことばっかり頭にあって、そんなこと思いもせえへんからなあ」

こういう話を聞くと、日々のひとコマとその生活情景の持つ意味をあらためて考えてしまいます。ひょっとそこに愛を見たりするからでしょうか。

9——共感を呼ぶには

よくある質問

「いいドラマだった」とか「いい話だった」というのは共感を覚えたときの感想だと思いますが、いい文章というのもやはり共感を呼ぶかどうかなのでしょうか。そうだとすると、どういうことに心がけて書けばいいのでしょうか。

第一に場面提示

いい文章だなあ、と思うかどうかは、確かに共感したかどうかが大きくかかわっているでしょうね。

共感というのは他人の感情や考えを自分もそのとおりだと思うことです。共鳴となると、人の意見や考えを素晴らしいと思うことでしょうから、ニュアンスが異なりますが、いい文章だなあ、と思う気持ちには共感、共鳴双方が入り混じっているのではないでしょうか。

要は「共」にポイントがあるんですね。

話を具体的にしましょう。ぼくが後輩の話に共感を覚え、「七分の一の鱒《ます》ずし」と題して『毎日新聞』に書いた拙文をとりあえず部分引用しておきます。

七人家族なので大変でした、とA君が言う。どう大変なんだろうと思って聞いていると、子どものころのこんな話であった。

A君の家では食べ物はみんな分け合うのが習いになっていた。誕生日やクリスマスケーキなども七等分されるが、これが簡単ではない。切り分ける母親の手元に子どもたちの警戒の目が注がれる。七等分だと、どうしたって大小ができてしまうからだ。お母さんもプレッシャーを受けていたとみえ、あらかじめナイフでケーキの上に筋目を入れたり、苦労していた。

ある時、父親が富山の「鱒ずし」をぶら下げて帰って来た。ササの葉をはがして丸いおすしを母親が七等分する。与えられた七分の一はほんの一口だったが、たまらなくおいしかった。

A君は子ども心に思ったそうだ。「大人になったら『鱒ずし』を一人で丸ごと食べるぞ！」

大人になってA君は百貨店の駅弁大会で念願の「鱒ずし」を買って来た。独身のシングルライフだから、誰にも遠慮はいらない。一人で平らげた。

さぞ満足したことだろうと思いきや、A君は「みんなで食べたあの時の方が、ずっとおいしかったですよ」と言った。満ち足りているからといって、幸せだとは限らないようだ。……


七分の一のほんのひと口がたまらなくおいしいと思ったA君の食体験、よくわかります。大人になったら「鱒ずし」を一人で平らげたいと思い、実際にそうしたが、七分の一のほうがおいしかったということ、これもよくわかります。共感を覚えたのと同時に、物と幸せがストレートにつながった時代を思い出していました。父親が町内の寄り合いから持ち帰った折り詰めに、家族みんなが歓声を上げた、そんな時代のことです。

霊長類研究の第一人者である山極寿一氏がテレビの対談番組で話していたことですが、一緒に物を食べて何かを感じ合うというのは、ほかの動物にはない人間特有のコミュニケーションなのだそうですね。

以上のことを念頭に、共感を呼ぶ文章の書き方ですが、第一はシチュエーション、つまりそのときの状況や場面の提示です。共感の「共」のとおり、その場を共にできる場面は欠かせないでしょう。

考え方や意見への共鳴だけなら、場面は必要でない文章もあるでしょうが、作文やエッセイなどは「論よりエピソード」です。その点で「七分の一の鱒ずし」などは、その場の空気を一緒に吸ってもらえる題材ですからいいわけですね。

以前、『毎日新聞』の「毎日歌壇」で歌人の東直子さんが「愛の歌を読む」と題して短歌をいろいろ紹介していました。そのうちの穂村弘さんと俵万智さんの作品を引いてみます。

「まだ好き？」とふいに尋ねる滑り台につもった雪の色をみつめて　　穂村弘

寄せ返す波のしぐさの優しさにいつ言われてもいいさようなら　　俵万智

ここで問題です。

問題

それぞれの男女の心模様が詠まれていますが、それは何によってより効果的に描き出されていると思いますか。

人、物、自然との関係を描こう

みなさんが「わかるなあ」と思ったのなら、何よりも場面が巧みに詠まれているからですね。その場面には人がいるのはもちろん、いずれは溶けて消えるであろう滑り台の雪がありま す。やさしい波とともに大らかな海が広がっています。つまり物や自然に託された心情にこちらが反応して、共感を覚えているんですね。

「母がよく言うんです」と学生がこんな話を聞かせてくれました。

「天気のいい日にね、あんたたちの服やらお父さんのパンツやら、いろいろ洗って干すでしょ。毎日毎日山のような洗濯物。面倒だなあと思うけど、みんな元気だからこうして洗濯物だってある。それにお日様がからっと気持ちよく乾かしてくれるんだと思うと、本当にありがたいなあと思うのよ」

何気ない日常の場面ですが、共感を覚えます。生への共感ですね。

ぼくはよく思うんです。生への共感をはぐくむ大きな要素は、日々、生きていく上での人と人、人と物、人と自然との関係性にあるんじゃなかろうかと。とりわけ大きいのは、愛する人、大切にしたい物、ありがたいなあと思える自然の存在だと。

そう考えると、文章というのも人や物や自然とのかかわり方をどう描くかであって、書いて伝えるということは、すなわちそれらの関係性がよくわかるように描かれていることだ、とあらためて気づかされます。

もちろん関係の描き方は書き手それぞれの工夫や技巧があるわけですが、もう一度、先に紹介の短歌やお母さんの話を読んでみてください。いかに関係を描くことが大切かがよくわかると思います。

⑩——五感の活用法

よくある質問

五感は感性の源だそうですが、どのように活用すればいい文章が書けるのでしょうか。

におい一つにも敏感に

文章、とりわけ描写文は五感の働きを抜きに書くのは困難でしょう。文章上、五感のバランスも心がけてほしいと思いますが、学生たちの作文でよく働いているのは「視」で、あとの「聴」「嗅」「触」「味」はそうでもない印象を受けます。

においを嗅ぐ、「嗅」ですが、みなさんの嗅覚はどうですか。うさんくさいという言葉があります。人間の疑わしさの判断に「何かにおう」という言い方もあります。

「くさい仲」という言葉だってあらためて考えてみるとイミシンですよね。なるほど、辞書には「くさい（臭い）」に「あやしく、疑わしいところがある」という意味も書かれています。でもそこで「くさい仲」を「あやしい仲」と納得しては、あまりにも当たり前すぎて面白くも何ともありません。辞書的でありすぎます。言葉の定義以前に五感とともにある生身の肉体でとらえた解釈ができないものでしょうか。

そもそもにおいというのは自分は受け入れても、他人はどうかはわかりません。でもにおいを共有できる間柄は存在します。そういう関係は他人から見れば、そう、「くさい仲」なんですね。

嗅覚は記憶とも深い関係にあるんですね。一度はガス自殺を決意した男性が、味噌汁のにおいで死ぬのを思いとどまったという話を新聞で読んだことがあります。においはダイレクトに脳に伝わるようで、味噌汁が母親の思い出をよみがえらせたのでしょう、と専門家は話していました。

では、問題です。

問題

次の文章を読んでみてください。


地元に帰ると近所のうなぎ屋がなくなっていた。

そのうなぎ屋は住宅兼店舗で、おじさん、おばさんには小さい頃から可愛がってもらっていた。学校から帰ると、いつもおばさんは駐車場の草むしりをしていて、お菓子をくれることもあった。

おじさんの焼くうなぎは日常のにおいになっていた。

詳しい事情はわからないが、おじさんが病気を患っていたそうだ。金銭的にも苦しくなり、家を手放したのかもしれない。

ぽっかりあいた店の跡地には、売り地の看板が立っているだけだった。


これは授業で「悲しかったこと」という題で学生に書いてもらった短い文章の一つですが、視覚重視の文章です。においについては一行、説明があるだけです。

先にも説明したとおり、においはストレートに脳に働きかけてきます。その力も強いものがあります。うなぎを焼くにおいにふれた表現が少しでもあれば、イメージはもっと深まったのではないでしょうか。あなたならどう書きますか?

できましたか？　ぼくはこのように書いてみました。参考まで。

地元に帰ると近所のうなぎ屋がなくなっていた。

そのうなぎ屋は住宅兼店舗で、おじさん、おばさんには小さい頃から可愛がってもらった。学校から帰ると、いつもおばさんは駐車場の草むしりをしていて、お菓子をくれることもあった。

おじさんがうなぎを焼いていると、甘辛いタレとうなぎの油の混じりあった香ばしいにおいが煙と一緒にあたりにただよっていた。それは日常のにおいだった。

外で遊んでいるときも、クラスメートと言い争って重い気持ちを引きずりながら帰って来たときも、そのにおいはいつもわたしを包み込んで何か安心させてくれた。

詳しい事情はわからないが、おじさんが病気を患っていたそうだ。金銭的にも苦しくなり、家を手放したのかもしれない。

ぽっかりあいた店の跡地には、売り地の看板が立っているだけだった。

五分間、目を閉じてみよう

視覚が中心になると耳も留守になりがちです。たとえばこんな体験があります。高倉健さん主演、山田洋次監督の映画「遙かなる山の呼び声」はビデオでも何度も見ています。筋はもとより、健さんのセリフ、そのときどきの場面も頭にさっちり入っているんです。

ところがあるとき、ビデオをかけたまま目を閉じ、耳を澄ましていて驚嘆しました。映像には舞台となった北海道・根釧原野の牧場周辺の音という音が丹念に収められていたのです。雨や風の音はもちろん、朝な夕なの小鳥やカラス、鶏や牛の鳴き声、馬のいななきなども収め、夏のヒグラシ、秋の虫の音と季節の音もぬかりなく入れられていました。

単に映像に目をやっていただけでは気づかなかった音とともに牧場の一日と、春夏秋冬の原野の移ろいを細やかに表現していたのです。視覚がいかに音を遮っているかということと同時に、耳を澄ますということの大切さを実感したしだいです。

以前、武蔵野大学でやはり文章の授業のお手伝いをしていたとき、学生たちに五分間目を閉じてもらい、その間に気づいたことや目を開けて感じたことをメモ書きしてもらったことがあります。以下は、学生たちが残したそのときのメモです。

・自分の体の鼓動が聞こえ、「生きてるんだなあ」と不思議な感覚だった。目を開けると、まぶしさや窓の外の木の緑が増えたことを感じた。
・窓の外から聞こえてきたチャイムの音、自分の髪が頬に触れる感触、教室のいろいろな人のまざったにおい。ふだん意識していない感覚やいろいろなものが、私の体を構成している。
・目を開けたらいつもより空が綺麗に見えてびっくり。
・頬にかかる髪。少し動いただけで衣ずれの音。遠くの廊下でひびく足音。音だけでその人の性別、歩く早さや様子が浮かんでくる。時々、風が吹いた。顔を上げると光の方向がわかった。まぶたの裏にいろいろな色。
・指のすきまに風が通る。ずっと集中すると脳が下におりてくる。

みなさんも一度どこかで五分間目を閉じて、耳を澄ましてみてください。たった五分の間に、まるで違った世界が感じ取れます。とりわけ聴覚というのは、身体への直接的な反応が強いんです。ですから、生きている実感を覚えることだってあるわけです。

音と言えば、古井由吉氏が以前『日経新聞』で「東京の声　東京の音」と題したエッセイを連載していましたが、読みごたえがありました。

立夏を過ぎたころの日曜日は、あちこちの家で畳を叩く音がして、「その音から陽の匂《にお》いが広がるようだった」とか、氏のそんな文章を読むと、今では布団をたたく音しか聞かないもんなあ、と生活の音とともに今昔の感慨にとらわれたものです。『テレビが人の閑暇を占拠したせいか、一時の子どものピアノのほかは家の内のお稽古《けいこ》やら読経やらの声は聞かれなくなった」と残念がる氏の思いもよくわかります。

眼で聴き耳で視る文章

ここまでは五感それぞれの働きを生かして感性豊かな文章を、という話ですが、みなさんはこんな言葉を耳にしたことがありますか。

眼聴耳視《げんちょうじし》

この言葉が目で聴き、耳で視て初めて真実がわかるという意味で使われているのをときに目にします。

戦後、福島県郡山市で児童詩誌『こどもの夢の青い空』を発行して児童詩活動に取り組んだ佐藤浩氏は、「眼聴耳視」を自らの支えにする一方で、「詩はそうして生まれるもの」とおっしゃっていたそうです。

花を見て「笑っている」と言う子どもがいます。大人なら「笑う」ということを辞書にある「笑う」という定義で判断しますが、子どもは目の当たりにしたときの感覚が言葉より先行します。子どもの川柳にこんな作品があります。

ひまわりとないしょばなしの夕すずみ

ひまわりを見て、ひそかに声を聞いている感じが伝わってきますね。子どもは大人よりずっと事物の世界に親しんでいますから、花と内緒話だってできるんです。

子どものころに楽しんだ紙芝居も、絵を見ながらおじさんの語りに耳を傾けていました。あれだって、「眼聴」の世界に通じるものがあったのではないでしょうか。

逆に耳で見る「耳視」では、なんといってもラジオでしょう。プロ野球の阪神戦の放送をよく聴きますが、回を追い、やがて九回裏に藤川球児投手がマウンドに立つころになると、不思議なもので甲子園球場の応援風景はもちろん、選手一人ひとりの動きまで視界にあるような気がします。耳で聴いて、さらに見ている感覚なんですね。

授業で学生たちに「眼聴耳視」の言葉を説明して、短い文章を書いてもらいました。面白いなあと思ったのは花の香をからめたこんな文章です。

靴をそろえていると、後ろからそっとささやく声がした。「こっち」と呼んでいる。振り向くと、花びんに差してあった一輪の水仙が目に入った。彼女は何も語らなかったが、ただほんのりとしたにおいをふりまいてきた。

ほかには野の草花を切り取って手にしたときに聞こえてくる花の声や、しおれた花に自分を重ねてみたときの思いなども書かれていて、「視」や「聴」が「嗅」と「触」を介してつながることがよくわかりました。

季節は秋に限られますが、通勤の行き帰りにいつもの曲がり角にさしかかると、キンモクセイの香りが漂ってきます。ぼくはそのつど、「行ってらっしゃい」「お帰り」の声を耳にしたような気になります。

⑪——感動体験を生かす

よくある質問

感動したことを書きなさい、と小学校の先生によく言われたことがあります。感動体験は作文の題材にいいということでしょうか。

感動したことは忘れない

高校時代の同窓に小学校の先生をしていた女性がいます。彼女もやはり「作文は感動したことを書かせることよ」と話していました。子どもならずとも感動した話というのは、人に話したいという思いが強いものです。

感動とは心を動かされること。英語で言えば「be moved」です。自分の心が動いたということは、とりもなおさずそこに自分がいるということです。作文が主として自分自身の表現であることを考えても、感動体験は最上の題材でしょうね。

もう一つ、感動体験は脳に長期保存されています。その場面を描写するのもほかの体験に比べて鮮明です。実に作文向きなんですね。

ところで感動とひと口に言っても、大きくは二つに分かれます。

一つは、外から得られる感動です。本を読んだり映画やドラマを見て胸を熱くしたり、人の話に感じ入ったり、そんなときの心の動きですね。

もう一つは、何かに挑戦して得られる感動です。これには山登りやマラソンなど、体力を問われるものもあれば、受験とか歌のコンクールに合格したとか、努力や能力を問われるものもありますが、達成感とかかわる感動であることでは共通しています。

女性で初の国会議員になった加藤シヅエさんは、一日十回の感動をモットーにした感動人間でした。彼女の対談集『加藤シヅエの遺言』には、感動についての興味深い話が次々と出てきます。

脳というのは不思議なもので、普段は一々覚えてるつもりじゃないことでも、感動して思ったことというのはやっぱりどこかの引き出しに入ってる。誰が整理するのか、その脳の機能が整理するのか、ちゃんと入ってて必要に応じて出てくる。

なまじっか、記憶で試験勉強して覚えたより、感動で覚えることの方がやっぱり自分の身につくというのはこのことかしらと。

そんな加藤さんの話に対談相手の養老孟司さんは次のように応じています。

……感情は何のためにあるかと考えますと、いまおっしゃったように自分が取り入れてくるものに対して重さをつけているわけですね。だから、好きなものは、大体皆さん方、初めから重たいわけですぐ入っちゃうわけです。だけど、嫌なものというのは、できるだけ軽くしてすっ飛ぶようにしてるから、忘れちゃう。大体見てないということですね。

そういう形で働いてますから、いま感動とおっしゃいましたけど、一番そういうのが根本的に重みがつきますともう絶対忘れない。……

感動には「言葉にならないほど感動した」という常套句《じょうとうく》がありますが、先に述べたように感動に至る一つ一つの場面と状況は記憶に刻まれています。その一つ一つを思い出して描けば、読者にも追体験してもらえますから、いい文章だ、と評価される確率は高いでしょう。

自由課題の作文などは、迷わず感動体験に題材を求め、そのときのことをよみがえらせて描いていってください。そしてできれば感動人間になって、さまざまなことに心を動かしながら過ごしてほしいと思います。

作文は「あ」のもの

公園の木陰のベンチに座ると、風が吹いて汗をぬぐってくれた。信号待ちしているときの前方の空に、五色の彩雲が見られた。会社に着くと彼女が微笑んでくれた――ささやかな物事にも「be moved」人間になることができれば、長期記憶の箱から次々と文章を、それも描写文で取り出すことができます。先述の加藤シヅエさんまでいかなくても、一日一回でも感動できれば、作文にはきっと有利でしょうね。

さて、以上いろいろ感動について述べてきましたが、感激という言葉もあります。そこで問題です。

問題

感動と感激はどう違うのでしょうか。

感動と感激の区別ははなはだ微妙です。大自然の美や映画、絵画など価値ある他者に向けられたものを「感動」、入試に合格したとか、憧れのスターに握手してもらったとか、もっぱら自己にかかわるものを「感激」ととらえることはできるかと思います。

ですが、次の文章など、どうでしょうか。

「あの歌に感激して、日本の発展は海にあると思ったもんだ」(石川達三『人間の壁』)

「あの歌」ですから、他者に向けられたものです。「感動」と書くべきでは、の声が上がるかもしれません。いや、本当に両者の違いは微妙です。

もう一問、答えてください。

問題

以前のことになりますが、ＳＭＡＰの木村拓哉さんと歌手の工藤静香さん夫婦に第二子が誕生したとき、二人は連名で次のような文面のファックスをマスコミ各社に送っています。■■に書かれていたのは、感動？　感激？　どちらでしょうか。

本日、二月五日午後一時二十九分に、
２５７０グラムの元気な女の子が無事誕生しました。
光り輝く希望を持って生きていって欲しいので
名前は、〝光希〟にしました。これからも暖かく見守って下さい。
尚病院や自宅への取材はご遠慮して頂きたいので
宜しくお願い致します。

■■

木村拓哉
静香

答え。「感動」でした。

この「感動」ですが、子どもの誕生ほど自己にかかわるものはないでしょうから、それなら「感激」とすべきだとなりますが、しかしここはキムタクパパが記すとおり感動でしょう。第一子が生まれたとき、キムタクパパはインタビューで「授かった」という言葉を何度も口にして喜びを表していました。「授かった命」というふうに受け止めるなら、第二子も価値ある他者に向けられたもので、「感動」と表現してもいいでしょう。

もう一問。

問題

夏目漱石の『虞美人草』に出てくる次の言葉の■の一文字を埋めてください。

「■っと驚く時、はじめて生きているなと気が付く」

「あ」ですね。

人は感動を覚えると「ああ」とか「おお」とか母音を発します。感動詞に「あれ」「まあ」「あっ」「あら……」と「あ」が多いのもそういうことでしょうか。同じ『虞美人草』に「驚くうちは楽しみがある」という言葉も出てきます。

みなさんが何かに「あ」と発したら、間違いなくそこに自分がいると思ってください。そしてその多くに感動があり、この体験はいずれ作文に書けるな、とそんなふうに受け止めるのがいいように思います。

作文は「あ」のものなんですね。

⑫——ありふれた表現を避けるには

よくある質問

原稿用紙に向かってもありふれた言葉しか浮かんできません。書き直すと、今度は大げさな言葉になったりします。どうしたらいいのでしょうか。

紋切り型と過剰表現

ぼくらが知らず知らずのうちに使っている紋切り型の言葉を挙げてみましょう。

うららかな春になりました。
風かおる季節です。

ここまで書いて、正直言って秋、冬と続ける意欲を失いました。時候のあいさつなどは型にはまった表現が礼儀、作法にかなっているという考え方もあるでしょうが、おそらくその部分は読み流されるでしょう。印刷された葉書にあるような文章だからです。相手に感じ取ってもらえる自分がどこにもいないんですね。

紋切り型と言えば、たとえば女性を表して「気丈な女」とか「世話女房型」といった言葉があります。書いた本人はその女性をちゃんととらえた表現だと思っているかもしれませんが、それらの言葉ではそれぞれの女性がタイプ的に類型化されているだけなんです。それでは個々具体的な人物像は浮かんできません。

人物を描くならタイプではなく「個」としての存在、その人の特徴、言ってみればキャラクターを描くべきなんですね。そのことは事物の表現にも通じることでして、木を見ても花を見ても類型的に描けば、その木も花も独自の個性を持って姿を現しません。

「よくある質問」のありふれた言葉を書き直すと、今度はオーバーな表現になったりするという心配、確かにそういうことはありますね。

授業で「孤独」と題して作文を書いてもらった中にこんなフレーズがありました。

「孤独という心の独房の鍵を開けることはできない」

「孤独」という言葉自体、けっこう大層な言葉ですから、本人は頑張って書いたのでしょう。書けたという満足感を覚えていたかもしれません。しかしこれでは心のありようが伝わってきません。伝えること以上に言葉選びに力が入りすぎて言葉だけの文章になったのですね。もっともこれは冒頭の一行でして、孤独にまつわる具体的な話はそのあとに続くのですが、いかんせん最初から重すぎます。

これもまた別の学生の作文ですが、武道の型を演じる本番前の緊張状態をこう書いていました。

「突き刺さる数百人の視線。静寂の中、固唾を呑む音が鼓動を加速させる」

そのときの緊張より、この文章そのものが緊張しすぎている感じです。

ともにありふれた表現を避けようとした結果なのでしょうが、その意識が強すぎると、つい大げさな表現になってしまうんですね。

ぼくの文章体験で言いますと、何か雑文でも書くような軽い気持ちで書いた文章のほうが、力を入れて書いた文章よりできがいい気がします。上手な文章を、などと思うと、つい力が入りすぎて「自信をなくした」でいいのに「自信を喪失した」などと文章も硬くなり、オーバーな表現になりがちです。

そこで問題です。

問題

次の難しい漢字をやさしく言い換えてください。

隘路《あいろ》　喧伝《けんでん》

悪罵《あくば》　塵芥《じんかい》

隠蔽《いんぺい》　跋扈《ばっこ》

婉曲《えんきょく》　煩悶《はんもん》

陥穽《かんせい》　弥縫《びほう》

邂逅《かいこう》　漏洩《ろうえい》

危惧《きぐ》

隘路＝難解、障害、困難
悪罵＝ののしる、毒づく、悪口（を言う）
隠蔽＝隠す
婉曲＝遠回し、やんわり、それとなく
陥穽＝落とし穴
邂逅＝巡り合い、思いがけず出会う
危惧＝不安、恐れ、危ぶむ
喧伝＝言いはやす、言い立てる
塵芥＝ごみ
跋扈＝横行、はびこる
煩悶＝もだえ、悩み、苦悩
弥縫＝取り繕う、一時の間に合わせ
漏洩＝漏らす、漏れる

※言い換えは主として『毎日新聞用語集』にもとづいています。

「問題」で取り上げたような難しい漢字や漢語を使えば使うほど、文章は重たく、肩ひじ張ったものになりかねません。何か誇張したようにも思われ、読み手を興ざめさせてしまいます。

文章はやさしい、普通の言葉を使うのが一番です。それが一番読みやすく、伝わる文章なのですね。

「子ども性」を取り戻そう

ところでぼくらは子どもの文章にドキリとすることがあります。そしてすっかり失っていた感覚にふれ、自分の中にある子ども性とか少年っぽさの再発見も必要かな、と思ったりするものです。

「作文教室」で帰省して母校の中学校まで歩いたときのことです。子どものころは二十分前後かかったのに、大人の足ではそんなにかかりません。なぜ、と問う間もなく答えが浮かんできました。

子どもは道すがらの何にでも興味を示し、つい道草をしてしまう。ぼくの場合、台風一過の朝など、橋の上からとどろく濁流をのぞいて声を上げたり、道端の折れた立ち木やぶら下がった電線にも足が止まり、よく遅刻したものです。情報の収集に余念がない。それが子どもなんですね

しかし大人はどうでしょう。たいていのことは体験していますから、事物への関心が少ない。ひさしぶりのふるさとでも、様変わりした風景にさして驚きもせず、通り過ぎていく。要するにこの年齢になりますと、脳の情報ボックスに入れる新情報は限られてくるんですね。

そんなわけで、学校までの時間の差は単に大人と子どもの歩幅の差ではないことを知り、そして思うのでした。心も感覚ももっと開放しなければ駄目なんじゃなかろうか、と。

実際、ぼくら大人は頭の中で言葉をいじくりまわして、うんうん言ってるところがあります。それに比べると子どもは、身体反応を素直に口にしたりします。それが大人には新鮮に感じられるんですね。

話を具体的にしましょう。問題です。

問題

第⑩節で子どもの川柳を一句取り上げています。浜松市の中学一年、江間千華さんの作品です。小学一年のときから川柳日記をつけているそうですが、最近の作品にこんな句があります。ここはみなさんへの問題として一字あけて紹介しますので、どんな言葉が入るか考えてみてください。

怒られて目から流れる■ひとつ

「汗」なんです。
目から汗か、とぼくは意表をつかれる思いでした。子どもならではの身体反応を素直に言葉にしたのでしょうね。国語の辞書も医学書もそんなん関係ない。自分が心と体で感じたとおりを言葉にしたまで、というところでしょうか。

それで思い出したのは『にんげんのお花は？』というタイトルの絵本です。作者は東京都練馬区の主婦、田崎文子さんが、長女のあずさちゃんの幼いころの言葉をもとにしたものです。とりわけ印象的だったのが最後のこの一言です。

「みてみておかあさん、あずさのお花がさいたよ」

自分の笑顔をそう表現したんですね。これも言葉だけでの表現ではありません。心と体で受け止めたことがそんな言葉になって表れたんだと思います。

以前、武蔵野大学で授業をしていたときのこと、ある女子学生が米国に留学中のことにふれて「母が恋しくてホームシックになった」と書いていました。ありふれた表現ですので、その旨を言いますと、こう書き直してきました。

「母とつながる電話線の中に体ごと入り込みたいほどだった」

⑬——比喩を生かすには

よくある質問

わかりやすく伝えるのに比喩はとても有効な文章表現だと思います。どうすれば比喩が上手になれるのでしょうか。

ナゾナゾでつける比喩力

確かに比喩は「伝え、伝わる文章表現」の代表格です。そもそもが他者、すなわち読み手とイメージを共有するための表現法ですからね。

村上春樹さんの作品では、上手だなあ、と感じ入る比喩にしばしば出会います。第六十三回毎日出版文化賞の受賞作『1Q84』について選考委員の林真理子さんは「これ以外のものがあると思われない完璧な比喩」と評しています。

主だった比喩に直喩《ちょくゆ》と暗喩《あんゆ》があります。直喩は「～のようだ」などの言い方で、たとえば「白魚のような指」「雪のような肌」といった表現です。暗喩（隠喩《いんゆ》）は「～のようだ」を使わないで、たとえるものとたとえられるものを結びつけた表現法です。「沈黙は金、雄弁は銀」とか「月の眉」などがそうですね。

ほかにも比喩の仕方はいろいろありますが、ここではその説明より、どうすればより上手に比喩の表現ができるかを考えてみましょう。

さっそくみなさんに問題です。

問題

次の文章を読んで答えてください。

「使い方一つでナイフにも爆弾にもなって、包帯にも接着剤にもなるもの、なーんだ？」

答えは「言葉」ですね。直木賞作家の朱川湊人さんが「紙ヤスリのような言葉」と題して『日経新聞』のコラムに書いていたものを引用させてもらったのですが、朱川さんは「言葉」と答えたあと、次のように書いています。

何もそいつと毎日格闘している職業だから言うのではないが、本当に言葉というのは不思議なものだ。使い方一つで人の心を傷つけたり木っ端微塵にすることもできるし、逆に落ち込んだ人を慰めることも、知らない人同士を仲良くさせることもできる。こんな便利なものは、きっと他にはないだろう。

勘のいいみなさんはお気づきかと思いますが、比喩の手法の一つがここにあるんですね。この「〜となるもの」――「な〜んだ？」のドリルです。たとえば村上春樹氏の『1Q84（Book3）』に「雀の群れが不揃いに電線にとまり、音符を書き換えるみたいにその位置を絶えず変化させていた」という文章がありますが、これだと「音符を書き換えるみたいにその位置を絶えず変化させているもの、な〜んだ？」――「電線にとまっている雀の群れ」となるわけです。

やはり同書に出てくる「ススキの野原の上に黙して浮かび、穏やかな湖面に白い丸皿となって漂い、寝静まった家屋の屋根を密やかに照らすあの月だ」という文章も、たとえば「穏やかな湖面に白い丸皿となって漂っているもの、なーんだ」——「月」と答えられます。

これって、言ってみればぼくらが子どものころから慣れ親しんだナゾナゾのようなものですよね。一つの物事をナゾナゾの問いかけにしてみる。それがそのまま比喩になるなら、文章を考えるのも楽しいじゃないですか。

というわけで、早大での授業ではこんなトレーニングもやってみました。みなさんも一緒に頭をひねってみてください。

「就活」「斎藤佑樹投手」などと黒板に書いて、それでナゾナゾの問いかけを考えてもらったわけです。その際に注意したのは頭の中で「就活」とは何だろうとあれこれ生真面目に考えるより、遊び感覚を大切にということでした。

そのやりとりを紹介しておきますと、「就活」とは「攻略本を片手にやるテレビゲームのようなもの」、「斎藤佑樹投手」とは「おばさんにとっても自慢の息子のような男の子」といった答えがありました。ま、初めての試みでしたから、こんなものでしょうか。何度もやっているうちにもっとユニークで面白いたとえが出ることでしょう。

ほかにはこんなやりとりもありました。

「春」――「電車内の男女の距離が微妙に縮まっていく」「風が杉のコショウをまき散らしている」

「冬」――「気がつくとまわりのみんなが彼氏持ちで、何だかあったかそう」

「平和」――「自分のことだけを考えていられる人／何も知らないままでいられる人」

「陽だまりでうたた寝している猫の親子」

自分だったらもっといいナゾナゾが考えられる。そう思われるなら、ぜひナゾナゾ比喩表現を実践してみてください。

豆腐を人にたとえれば

次に紹介するのは俳人、荻原井泉水《おぎわらせいせんすい》が書いた「豆腐」です。なるほど、こういうとらえ方もあるのかと感心させられます。『人生は長し』に収められたその後半部分を味わってください。

豆腐というものには第一に「和」の精神がある。彼は何とでもよく調和するのだ。スキヤキ鍋に入れれば、牛肉と和する。チリ鍋となれば鯛と和する。かき鍋にも欠くべからず、湯豆腐鍋ではタラと仲好し。其他、アンコウ、フグ、何とでも和する。そして野菜と煮合《たきあわ》せれば、ネギとも和し、菜ッ葉とも和する。スマシ汁に宜しく、また、味噌汁に宜しく、濃淡ともに可なりである。第二に、豆腐には「敬」の精神がある。彼は、どんな物とともに調理される時でも、自分はワキ役になる、そして相手方を引き立たせることに勤める。これ他を敬するの道ではないか。第三に、豆腐には「清」の精神がある。彼は全身純白、一の不純なるものを含まず、これほど清らかな存在はない。第四に、豆腐には「寂《さび》」の精神がある。およそおごりというものに遠く、至って簡素である、さりとて決してびんぼうくさい卑下したところはない。これ即ち「寂」ということの貴さである。

茶道に「和・敬・清・寂」ということを云う。これは人間生活のもっとも日本人的なる理念である。これを彼、豆腐というものがその身を以って実証している。

擬人法的に豆腐の持ち味を描く。俳人の散文芸ですが、これもそう、「〜となるもの、なーんだ？」にすぐ変わる表現が多々ありますよね。

ただただ舌を巻く比喩

比喩の仕方はいろいろあると先に断っておきました。丸谷才一氏の『文章読本』に詳述されていますが、先に紹介の村上春樹氏の比喩も、その中にナゾナゾふうに解釈できるものもあるというにすぎず、実際は多彩を極めています。

『1Q84』の主人公の一人「天吾」は予備校の数学教師をしながら小説を書いていますが、その数学についてこう語っています。

「そうだな。実際の人生は数学とは違う。そこではものごとは最短距離をとって流れるとは限らない。数学は僕にとって、なんて言えばいいのかな、あまりにも自然すぎるんだ。それは僕にとっては美しい風景みたいなものだ。ただそこにあるものなんだ。何かに置き換える必要すらない。だから数学の中にいると、自分がどんどん透明になっていくような気がすることがある。ときどきそれが怖くなる」

これなどナゾナゾにしたところで、「数学」と答えられる人はまずいないでしょう。数学のとらえ方が深いんですね。

もう一人の主人公である女性の「青豆」が鏡に映した自分の裸にふれて「陰毛は行進する歩兵部隊に踏みつけられた草むらみたいな生え方をしている」と書いています。これなどただただ舌を巻くばかりで、安易にナゾナゾにすること自体はばかられます。

それに何よりも村上ワールドは「こちらの世界」と「あちらの世界」といった換喩性が深まり広がっているので、ナゾナゾ化できるたとえも限られている、とここで断っておきます。

⓮—擬音語と擬態語

よくある質問

擬音語や擬態語を使えば、文章に面白みが出そうな気がします。上手な使い方はないのでしょうか。

思い切って発想を転換

念のため、みなさんに問題です。

問題

左の写真を見ながら、擬音語、擬態語を使って文章を書いてみてください。

たとえば、こうですよね。

擬音語＝遠くで雷がゴロゴロ鳴り出した／ザーザーと落ちる滝の水

擬態語＝人がどんどん歩いていく／日がかんかん照っている

擬音語は「外界の音を人間がわかるように声でとらえた言葉」、擬態語は「音を立てない物事をいかにもそれらしく音で表す言葉」とそれぞれ定義できます。擬音語の類似語に擬声語があります。人や動物の声（ワイワイ騒ぐ／チュンチュン鳴く）を音で表したものですが、ここでは擬音語に含めました。

ぼくが書く新聞記事は、擬音語は原則として片仮名で、擬態語は平仮名を使うようにしていますが、擬音語、擬態語ともにいかにもそれらしい表現がポイントでしょうから、そこは幅広く考えてもいいのではないでしょうか。

また問題です。

問題

次の「自然現象」と「物の動き」について、どんな擬音語・擬態語が思い浮かびますか。書き出してみてください。

（自然現象）
・天候
・太陽
・星
・雲
・雨
・雪

（物の動き）
・水滴
・ペンキ
・花びら
・紙片
・小石
・岩

天候＝うらうら／からっと／からりと／どんより／ぽかぽか／むしむし
太陽＝かんかん／ぎらぎら
星＝ぴかっと／ぴかぴか／ぴかり／きらっと／きらきら／きらり
雲＝ぽっかり／ふわふわ／ふんわり
雨＝ぽつぽつ／ぱらぱら／しとしと／ざあざあ／ざんざん
雪＝ちらちら／はらはら／しんしん
水滴＝ぽたり／ぽたん／ぽたぽた
ペンキ＝ぼたり／ぼたん／ぼたぼた
花びら＝はらり／はらはら／ぱらぱら／ばらばら
紙片＝ひらり／ひらひら／ぴらぴら／びらびら
小石＝ころり／ころん／ころころ
岩＝ごろり／ごろん／ごろごろ

（『大辞林』の「擬声語・擬態語」より）

さて、擬音語・擬態語ひっくるめてオノマトペの上手な使い方ですが、井上ひさしさんは『自家製 文章読本』で「単独で用いられるとどこか脾弱《ひよわ》な日本語動詞のための有力な援軍である」とおっしゃっています。たとえば「歩く」を聴き手の感覚に直接《じか》に訴えたいと思うときは、と断って次のような言葉を挙げてみせます。

いそいそ/うろうろ/おずおず/ぐんぐん/こそこそ/ざくざく/しゃなりしゃなり……

これらの中から一番ぴったりくる言葉を選んで、歩くのを補導するのだというわけです。オノマトペには動詞をさまざまに補導する役割あり、と覚えておいてください。

ところでみなさんは、言葉以前の音声語について考えたことがありますか。文章を作る。どうしたって書き言葉としての日本語が頭に浮かびます。でも、それ以前に「マンマ」「ブーブー」などの幼児言葉があり、さらに赤ちゃんは「アー」「ウー」といった音声を発していたのです。

オノマトペは音声語を想起させますから、上手に使えば人間の身体反応を呼び起こす文章表現の有力な武器になるでしょうね。

「ねばねば」とか「ぬるぬる」といった言葉は、思い浮かべるだけで皮膚感覚にふれてきます。詩のレトリックには実に効果的で、萩原朔太郎、中原中也、宮沢賢治らの詩には、両の耳に流れ込んでくる言葉の「音」が人間という生命体と響き合って、内なる自然を感じさせるものがありました。

でも、散文は詩とは違って音の持つリズムや響きを重視しているわけではありません。とりわけ朔太郎の詩のオノマトペは官能的でさえありますが、読めばわかる筋道だった文章が望ましいわけですから、下手にオノマトペを使うと幼稚に思われたり、奇異な感じを与えかねません。

風を「ヒューヒュー」と書いたり、爆発音を「ドカーン」などと書いては当たり前すぎて、擬音それ自体が文章を安っぽくしてしまいます。読み手にすでにわかりきっている擬音は、そこに何のイメージももたらさないばかりか、単に字面だけの表現でしかないんですね。

歌人の栗木京子さんが『日経新聞』の「くらしの言葉　歌の言葉」でこう話しています。

「雨がしとしと降るとか、太陽がきらきら照るでは、まったく無駄ですよね。オノマトペを使うときは、一発逆転を狙って誰も使っていない、しかも実感と乖離《かいり》せずなるほどと思わせるものでなければならない。よく言うのは、雨がきらきら降る、太陽がしとしと照る、そのくらい思い切って発想を転換してもいいということです。いいものが生まれるのはそこからです」

オノマトペを使う以上は童謡・唱歌、あるいはマンガやアニメなどで刷り込まれたものではなく、あなたならではの的確な音が見つけられるかどうか、それが使う、使わないの一つの分かれ目になるのではないでしょうか。

授業でも学生たちの文章に「さらさらと流れる小川」などとあるし、「さらさら」に代わるほかの言葉を考えてもらうのですが、川の流れでぼくが気に入っているのは、豊島ミホさんの『神田川デイズ』に出てくるこの表現です。

沢が鳴っている。浅い水が速いスピードで流れていく音は、さらさらというよりは、きゃらきゃらと笑い声のように聞こえている。夏だ。……

「夏の沢」と断っての「きゃらきゃら」なんですが、♪春の小川はキャラキャラいくよ〜いいじゃないですか。

海は与謝蕪村のこの句ですね。

春の海ひねもすのたりのたりかな

のどかな春の海が浮かんできます。「のたりのたり」というのんびりした感じがいいんですね。

「さやさや」というオノマトペ

オノマトペがこのように決まると、その効果は絶大なのですが、先にも述べたように耳慣れた言葉なら擬音など使わず、読み手の想像にゆだねるほうがいいように思います。さて、ここで質問です。「さやさや」って、何の擬音だと思いますか。

川上弘美さんに『さやさや』という短編小説があります。会合で顔を合わせたメザキさんという男とサクラさんという女の何だかやるせない恋の物語ですが、文中「さやさや」は竹の葉などがふれ合って発する音ではなく、二つの音として使われています。一つは雨の音、もう一つは女性のおしっこの音です。それぞれの場面を紹介しておきましょう。

……こまかな雨が降り始めていた。さやさやいう音が聞こえ、それはおそらく道ばたの草に雨が当たる音なのであった。

……出はじめると、とめどなく出た。さやさやいう音をたてて、雨と一緒に葉をぬらした。目を閉じて、放尿した。サクラさん、さみしいね。メザキさんの声がした。さみしいね、おしっこしてても、さみしいよ、メザキさん。空の濃紺がまた薄くなった。雨は強まりもせず弱まりもせず降りつづいていた。

これは『さやさや』のラストの文章です。二人は蝦蛄《しゃこ》を食べながらお酒を飲んだ店を出てから、どこともわからない暗い夜道をゆらゆらと歩いていきます。途中、蛙の鳴き声が聞こえてきます。

蛙の鳴き声は変わらず聞こえている。ぐわぐわ。メザキさんが蛙の声を真似した。

くわくわ。一緒に真似してみた。しばらく二人してぐわぐわくわくわと鳴いた。……

この蛙の鳴き声は場面に応じて効果的に使われています。男と女が蛙の鳴き声を真似るなんて何かおかしいけれど、二人の恋の切なさとやるせなさに「くわくわ」「ぐわぐわ」が響き合うんですね。

それにしても二人は暗い夜道をどこまで歩いていくのだろうと思っていると、メザキさんは疲れたと言って道ばたに腰をおろし、サクラさんに接吻するんです。ここでも蛙が鳴きます。サクラさん、くわくわと真似してみせたりしますが、メザキさんは接吻したあと、頭をかかえたままなんです。

また二人は歩き出します。やがて雨が降り出し、ラストの文章へとつながるのです。

擬音は本当に使いようだと思います。辛抱たまらずおしっこするという行為は、男にはけっこう快感とか解放感がある一方で、ふと我に返ったりするものです。女性の場合はどうなんでしょうか、なんてこれは擬音には関係ありませんよね。川上さんのオノマトペの魅力に引っ張られてのことと思ってください。

第3章 そもそも書く手順とは?

⑮—箇条書きから始める

よくある質問

作文は箇条書きのメモにしてから書くほうがいいと聞きました。そのことは起・承・転・結という文章の構成法とかかわっているのでしょうか。

メモの取り方

そうですね、作文には書く手順があります。まずは頭にある書きたい内容をメモ書きにして羅列《られつ》すること。このメモができれば、ぼくの場合、半分書けたような気になります。メモを取る時間が惜しいと思う人がいるかもしれませんが、メモにして、そのメモに順番を打って書き始めるほうが、結局は早いんです。

それではメモはどんなふうに取ればいいのか。ぼくの文章をもとに説明させてください。

ある女性が介護の施設で働き始めた。

事情があった。夫が浮気して家を出た。後日、「離婚してくれ」と何度も電話がかかってきた。二人の間には小さい子が一人いる。夫は子どもの養育費も送ってこない。

彼女にも意地があった。あんな勝手な夫の言うことなど聞いてやるものか。そう言い聞かせて黙々と働いた。

施設では介護士のお手伝いで、おじいさんやおばあさんのおむつの取り替えが主な仕事だった。寝た切りのお年寄りを抱きかかえてベッドから車椅子へ、車椅子からベッドへと移動させる仕事もかなりの力がいった。生半可な気持ちではこなせない厳しい毎日だった。

ある日、彼女は自分の中から夫へのこだわりがウソのように消えているのに気付いた。そしてその夜、帰宅するや夫から送られていた離婚届に判を押した。

彼女は親しい友人にこう話したという。

「施設で毎日仕事をしているうちに、何か意地を張っている自分がバカらしくなってきたのよ」

わかる気がする。おそらく彼女はおじいさんやおばあさんの世話をしながら、生きていくとはどういうことか、身をもって実感したのと同時に、実のない夫に執着することの無意味さも実感できたのだろう。

彼女は友人に「人生をやり直すわ。新しく」と言って小さく笑ったという。

以前、『毎日新聞』に掲載したコラムです。

なぜこの文章を書いたのか。つまり動機（モチーフ）ですが、女性に離婚を決意させた経過と理由を知って書きたいと思ったのです。ですから、その女性が介護の施設で働き始めた事情から話を起こし、その仕事の内容へと継いで、彼女が友人に話した「意地を張っている自分がバカらしくなってきた」というセリフを持ってきて、「人生をやり直す」というセリフで締めよう、と大ざっぱに組み立てました。

その上で箇条書きにメモして取りかかったわけです。メモはほぼ書いた順番どおりで、次のようなものでした。

・介護施設で働く女性
・夫の浮気

・意地
・気持ちが変わる
・その理由――おむつ取り替え
・友人への言葉
「意地を張っている自分がバカらしい」
・出直す決意

こういうテーマの原稿ですから、女性の心の変化が読者に伝わらなければなりません。その点でメモを並べてみて判断する書き方は効果がありました。これはどんな作文にも有効かつ必要な作業に思われます。

起・承・転・結の組み立て方

箇条書きメモを書き出したあとは、文章をどう構成するかですよね。

みなさんは起・承・転・結という文章形式をご存知ですね。漢詩から生まれたものですが、作文を書く上でも一般的な組み立て方として応用されています。

起句（第一句）、承句（第二句）、転句（第三句）、結句（第四句）の四句から成っています。起句で文章を起こし、承句でこれを承《う》けて内容を深めます。ここまでは単調と言えば単調ですが、転句でその単調さを破り、内容をがらりと一転させます。そして最後の結句で全体をまとめるわけです。

もちろん漢詩のように散文の作文は短くはありません。起・承・転・結とそのとおりにはいかず、起・承・承・転・転・結と承が続いたり、転転としたりの変形もあるでしょう。それはそれでいいのではないでしょうか。あくまでも起・承・転・結は大きくはそういう構成で、という程度の理解でいいと思います。

その起・承・転・結で一番内容が問われるのはやはり「転」でしょうね。作文はあなたにしか書けない内容が大切だとすでに強調していますが、その点でも「転」の内容が勝負どころだと思います。なるほど、そうくるか。ほー、意外だなあー。でも、わかるなー。そういった内容で転がせると、あとは「結」をちょっと気のきいた一文でまとめられればＯＫです。

ともあれ書くべき内容のメモを取ったあとは、起・承・転・結それぞれにメモを仕分けして並べ替える。それでどうも「承」が弱い、「転」のところが今一つ意外性に欠ける、「結」のところがこのメモだけでは不十分なので、何かを補足しよう、もう少し文章をひねろうとか、あらためて眺めてみて補うべきは補って書き始めるのがいいと思います。

問題

介護施設で働く女性についてのコラムをもう一度読み直して、その上でこの文章の起・承・転・結を考えてみてください。

答え。書き出しの「ある女性が」から「黙々と働いた」まで、つまり女性が介護施設で働き出した理由を書いたところが「起」です。

「承」は施設での仕事の内容にふれた「施設では」から「厳しい毎日だった」までです。

「転」は「ある日」から始まって気持ちの変化にふれた「実感できたのだろう」まで。

「結」は最後の一行です。

文章に行き詰まったときの手立て

ところでメモが万全だからといって、原稿が苦もなく書けるというものではありません。

そこで原稿が行き詰まったときの手立てを考えてみたいのですが、体験的におすすめできるのは、最初から読み直し、文章の流れに乗っかるという方法です。早瀬のような文章の流れにうまく身をゆだねられれば、また書き進めることができます。面倒がらずに一から読み直す。すると、すっと文章が書けたりするものです。試してみてください。

そのほかおすすめしたいのは、ペンを置いて散歩に出ることですね。机に向かっていたときは、頭が煮詰まって何にも浮かんでこなかったのに、外に出て風に吹かれていると、あら不思議、労せず文章が浮かんだりするじゃありませんか。文章って案外そんなものなんです。

こういうことは理屈では説明できるものじゃないんですね。天から神が降りてきたような不思議な一瞬があるんです。脳のひらめきというのも案外そういうものではないでしょうか。

ついでながら、ひらめいた文章というのもメモにしておかないと、えーし、あのとき浮かんだのは何だったかな、となりかねません。散歩に出るのはメモ帳を用意してからにしてください。

以上は文章に行き詰まったときの手立てですが、行き詰まらない方法が一つあります。

散文は基本的に前へ前へと進む推進力を持っています。「また」「そして」「しかし」「おそらく」「たぶん」といった接続詞や副詞も、前進させてくれる力を秘めています。ですから、普通に書いていけば文章は前へ前へと進んでいくものです。

その特徴に着目して、文章が自然に流れているときに小休止する、あるいは次の文章が浮かんでいるときにいったんペンを置くということにすれば、行き詰まるということにはならないはずです。要は次の文章が浮かんでいるところでひと休みするということです。

アイデアはすぐに書き留める

文章を書く前のメモのほか、ぼくはふっと浮かんだことや目に留まったことでネタになると思えるものは、車中であろうと街を歩いているときであろうと書き留めています。メモ帳がないときは、カバンから薬の紙袋などを取り出してメモすることもしばしばです。

メモを取っておかないとすぐに忘れてしまうので、メモ魔になっているんですね。寝床、トイレ、風呂の中ではよく思いつきます。風呂だと飛び出てメモすることもあります。寝床にもメモの用意は欠かせませんね。

何であれ書き留めるということは、脳に刻み込むことでもあるわけです。おそらく脳に長期保存されるかなりの事柄は、そうして書き留めたものではないでしょうか。

⑯——現在・過去・未来の順に書く

よくある質問

起・承・転・結のほかに作文向きの文章の組み立て方はありますか。

何事も現在から

物事の初め・中ほど・終わりの三つで構成する序・確・急なども知られた形式ですが、おすすめは現在・過去・未来の順に書いていく方法です。

現在は、今の状況（状態）、過去は、その今の状況をもたらした背景、そして未来は、その状況が今後どうなるか——ですから、その順で書いていけば話の筋は組み立てられます。

情報を伝達する上で、現在、過去、未来は欠かせません。いわゆる新聞記事など情報伝達型の文章はこのスタイルでＯＫです。体験などを綴る自己伝達型の文章はそれとは内容的にも異なるわけですが、さァみなさん、聞いてください、といった内容から書き出す作文なら、この形式も十分活用できると思います。

いい作文にはただ今現在の状況から始めたものが多いものです。話を回想ふうに書くとしても、現在の自分が書いているということを明らかにして始めるべきでしょう。


そこで次の文章を読んでください。


彼女は待ち合わせの時間をだいぶん過ぎたころ、白い大きなつばの帽子をかぶって現れた。遅れたことを気にかけるふうもなく駆け寄ると、「あの小道をぬけると海が見えるの」と素早くぼくの手を握って走り出した。

日はまだ高く、群生する松林のすき間から太陽に照らされた白い海が見えた。

「海の上に光の子がいるみたい」と彼女が言った。

今、同じ場所から見る海は、あのころより光の子の数が増えたように思える。松林がずいぶん立ち枯れてしまったからだろうか。あれから十五年が過ぎようとしている。

ちょっと戸惑いませんでしたか。そう、前半は十五年前の話なんですね。このように、ああ、そうか、ここまでは回想だったのか、と読み終えてからでないと時間の流れがわからないような書き方はまずいと思います。

文章は自由に過去に帰れます。でも現在とどうかかわっているかが不明な文章は、読んでいても落ち着きません。とりわけ出だしはその点に留意して書いてください。

問題

それでは、右の文章をあなたならどのように書きますか？　読者が戸惑わないように書いてください。

できましたか。

「あれは十五年前の夏だった」と書き出してもいいし、書き出しはそのままで、次のように書くこともできます。


彼女は待ち合わせの時間をだいぶん過ぎたころ、白い大きなつばの帽子をかぶって現れた。遅れたことを気にかけるふうもなく駆け寄ると、「あの小道をぬけると海が見えるの」と素早く僕の手を握って走り出した。もう十五年も前のことだ。日はまだ高く、群生する松林のすき間から太陽に照らされた白い海が見えた。「海の上に光の子がいるみたい」と彼女が言った。

今、同じ場所から見る海は、あのころより光の子の数が増えたように思える。松林がずいぶん立ち枯れてしまったからだろうか。

時の流れがわかるように

文章は自由自在に「時」を操ることができます。文章表現の強みですが、それだけに時の流れが読み手にわかるように心がけなければ強みが生かされません。

テンス、すなわち時制の話と関係すると思いますのでここで述べておきますが、文章は現在の状況を書きつつも、近過去、近未来を行ったり来たりできます。また、そうしないと文章の強みは発揮できません。

若いみなさんも耳にしたことがあるフォークソングだと思いますが、伊勢正三さん作詞の「なごり雪」など、まさに現在の状況に近過去、近未来が入り込んで、『東京で見る雪はこれが最後ね』という「君」のつぶやきの切なさを際立たせています。

やはり伊勢正三さん作詞の「22才の別れ」も「今日だけ」とか、「明日になって」とか、「昨日のことのように」といった言葉が、誕生日のローソクの周囲を彩るようにちりばめられて、時の流れが胸にくるんですね。文章上のテンスの勉強にはともにいい歌です。そのつもりであらためて聴いてみてはどうですか。

⑰——書き出しで興味を引くワザ

よくある質問

文章の書き出しと結びではどんなことを心がければいいのでしょうか。

ズバッと書いて興味を引こう

書き出しはいろいろあっていいんじゃないでしょうか。

ぼくは何年か前に『〝つかみ〟の人間学』（新潮文庫）という本を出したことがあるんです。そのとき、主として小説で自分なりに心をつかまれた書き出しをチェックしてみました。

「昔、昔」と物語ふうで始まるもの、「ある日のこと」と時間で書き出すもの、ごく当たり前に主人公の紹介から入るもの、さらには手紙、回想、独白のスタイルもあれば、ずばり核心の事件から入るものなど、パターンは本当にたくさんありました。

そんな中でぼくが挙げたのは——

私は此《こ》れから、あまり世間に類例がないだろうと思われる私達夫婦の間柄に就いて、出来るだけ正直に、ざっくばらんに、有りのままの事実を書いて見ようと思います。

（谷崎潤一郎『痴人の愛』）

桜の樹《き》の下には屍《し》体《たい》が埋まっている！

（梶井基次郎『桜の樹の下には』）

「完璧な文章などといったものは存在しない。完璧な絶望が存在しないようにね。」

僕が大学生のころ偶然に知り合ったある作家は僕に向ってそう言った。

（村上春樹『風の歌を聴け』）

人びとはいま、どこで、なにを、どんな顔をして食っているのか。あるいは、どれほど食えないのか。ひもじさをどうしのぎ、耐えているのだろうか。日々ものを食べるという当たり前を、果たして人はどう意識しているのか、いないのか。食べる営みをめぐり、世界にどんな変化が兆《きざ》しているのか。うちつづく地域紛争は、食べるという行為をどう押しつぶしているか……それらに触れるために、私はこれから長旅に出ようと思う。

（辺見庸『もの食う人びと』）

などです。

遠くを旅する者は、静かに踏み出さねばならない。

（島崎藤村『東方の門』）

山路を登りながら、こう考えた。

（夏目漱石『草枕』）

なども思い浮かびますよね。

そうそう、こんなヘンな書き出しもあります。

そして私は質屋に行こうと思いたちました。

（宇野浩二『蔵の中』）

何が「そして」だ、と思わせたところが、当時は新鮮だったようですね。

早大での授業でも、作家のエッセイの書き出しのパターンを大別してください、と宿題を出しました。うまく拾っているな、と思ったパターンを紹介しておきます。

自分を振り返るパターン／疑問投げかけパターン／意見、考えパターン／状況、現状パターンの四分類です。

これだってその内容はいろいろあるわけで、出だしはこうあるべきだなどとても言えるものではありません。あとの文章の展開を考えれば、こう書き出すのがベターと思って書き始めるのでしょうから、作品全体を読んでもう一度書き出しに戻り、その意図を判断してほしいと思います。

いずれにしても書き出しは読み手の興味を引くことが大切です。作文などでは最初がまずいと数行で投げ出されることだってあるんです。

丸谷才一氏の『思考のレッスン』で、『朝日新聞』の百目鬼恭三郎《どうめききょうざぶろう》という方が入社試験の作文を採点した話が紹介されています。なんでも彼は最初の数行を読んで、駄目だったら零点にするという話でした。

そこで思い出すのですが、次の問題です。

問題

ぼくが『毎日新聞』を受けたときの作文の題は「土」でした。みなさんならどんな話を書きますか。書き出しは？　数分考えてみてください。

いかがですか。いい書き出し、思いつきましたか？

多くが「東京には土がない」と書き出していたらしく、それらの作文は評価も低かったそうです。視点が平凡すぎるということでしょうね。作文は受かって面接にのぞんだ際、顔見知りの二人に聞くと、「人間は土から生まれた」、「土一升金一升」とそれぞれ書いて、そのことにこだわったとかで、二人とも合格していました。

ぼくは「家族で芋掘りをした」と書き出して、指の爪に入り込んだ土が水で洗ってもなかなか落ちないといったことを長々と書いた記憶があります。

最初の数行で落とされるという話で付け加えておきますと、「秋という題で作文を書かなければならなくなって、さっきから困っている」というあいさつから始める文章も駄目だ、とやはり『思考のレッスン』で丸谷氏が強調しています。

読書感想文で「きょう五時間目の授業で読書感想文を書くことになりました。それで図書室へ行って自分の好きな本を一冊選びました」と書き出した子がいて、そうか、そこから書かないといけないのか、と自分も真似て書いたことがある、と友人が苦笑していたのを思い出しました。けっこうあるんですよね、そういう出だしの作文が。

もったいぶったり、ごちゃごちゃ言う暇があるのなら、言いたいことを言って、さっさと始めろ、と採点する側は思っていることでしょう。

いや実際、自分にプレッシャーをかけるぐらいの気構えでズバッと言いたいことを言ってみる。たとえば「雨」というテーマなら、「梅雨が大好きだ」と言ってのける。そこから始まる言い分なら、むしろ面白がって読んでもらえるのではないでしょうか。話の進め方が奔放で、独断と偏見にみち、しかし言われてみればそういう気になる――丸谷氏などはそういう文章がいいともおっしゃっています。

気のきいた一文でさっと終わろう

文章の結びも書き出し同様、こうあるべきだと一概に言えるものではないでしょう。ないでしょうが、結びの上手、下手はあるわけでして、上手な結びはそれまでの文章全体に生彩を与えます。

逆に下手だと、全文を台無しにする可能性があります。なんだ、こんなことが言いたくて書いてきたのか、とがっかりしてしまう。いや、よくあるんです。「くじけず、負けないで歩いていきたいと思う」とか、「若者に託された未来へのバトンを私たちはしっかり握り締めて走り抜きたい」などと高らかに宣言されると、何だかきれいごとを言われているように思えてくるんですね。

それで「文章表現」の授業では「ありきたりな決意表明とか誓いとか、いい子の見本のようなことを書いて終わるのはやめようよ」とよく言っています。そんな結なら転々と転んだまま、ノンシャランとしたままのほうがましですよ、とも付け加えています。

ちょっと気のきいた一文を効果的に使ってさっと終わる。それが一番望ましい結びではないでしょうか。今、何の断りもなく「気のきいた一文」と言いましたが、結はその一文の力に負うところが大です。

以前、後ろ姿にこだわってコラムを書きました。スポーツマンの友人で酔えばマイクを握る男がいるのですが、十八番《おはこ》が「男の背中」なもんですから、こちらもつい彼のぶ厚い背中を見ることになる、といった話から、役者の背中の演技、さらには八度のリーグ優勝を成し遂げながらも、一度も日本一になれなかった悲運の名将、西本幸雄氏の後ろ姿にふれました。

ぼくは球場で見ていたのだが、広島ナインら歓喜の輪との対比で、背を向け引き揚げていく西本監督の孤影は際立った。感情をぐっと抑えているのだろう。うつむき加減の後ろ姿に勝負師の悲哀をしのばせ、失礼ながら敗軍の将がこれほど似合う監督もいないだろうと思いつつ、その背を追っていた。

この試合、後に山際淳司氏が「江夏の21球」で江夏投手の雄姿が何かとクローズアップされることになるが、ぼくの目には西本監督の姿がより鮮明に焼き付いている。

ところで「背に腹は代えられない(背より腹)」ということわざは、背骨と皮一枚の背中に比べ、腹には大切な臓器がいろいろあるどいう比較から生まれたようだ。しかし人の腹など見たくはなくても、肩から背にかけての後ろ姿は、以上書いた通り特別な思いで見つめたりするものだ。

かつ、人間をつくった造物主が、自らは見られない後ろ姿に精神性を宿らせたというのも興味深い。「腹は背に代えられない」と言い換えたいほどである。


拙《つたな》いながら、ぼくなりに気に入っているのは「かつ――」からの結びの一文です。西本監督の後ろ姿と一緒にこのくだりはどうしても書きたくて、メモの段階から二重丸をつけてかかりました。これでいこうと思える結びのフレーズが思い浮かぶと、起で起してからというもの、その一文をめざしてまっしぐらという感になりますね。

散文が前へ前へと進む推進力にたけていることは前に述べていますが、書きたい一文があると、文章も走るものです。そんなわけで学生たちに「孤独」というテーマを与え、「結」の一文を考えてもらったことがあります。学生たちの答えの中から文例をいくつか挙げておきましょう。

・自ら作り出すもの、それが孤独だ。
・孤独とは他者がいてはじめて自覚するもの。ぜいたくな気持ちかもしれない。

・その人と出会わなければ、その人を知らなければ孤独とは思わなかったのに。
・孤独とは期待と裏切りが交じりあった感情だ。
・孤独。気づいているか、いないかだけの違いだ。

なるほど、孤独についてはよく考えて書いています。もうひと工夫すればいい「結」になりそうな一文もありますが、全体としてはストレートな孤独の解釈が目立ちます。一人ぽっちの心情を何かに託して表現する。そういう一文がほしかったところですね。

そこで問題です。

問題

村上春樹氏は『１Ｑ８４』の中で「月が人に与えてくれる最良のものごと」として二つ挙げています。何だと思いますか。

氏はこう書いています。

「それはおそらく純粋な孤独と静謐だ」

月とか月夜に託して孤独をどう表すか、ぼくはこんな一句を思い出します。

泣きに出て月夜はいつもいいきもち　笹本英子

ちなみに移ろう季節も心情描写にはもってこいですよね。芥川龍之介の短編『秋』は、主人公の女性の孤独な心情をこう表現して物語を終えています。

「秋――」

月と秋で「秋月」、さらに「春花秋月」という四文字熟語を思い出しました。

第4章　文章はこう直す

⑱——「思う」「考える」「感じる」を減らそう

よくある質問

ついつい「思う」や「考える」を多用してしまいます。「感じる」もそうです。これら三語を使う、使わないで文章表現にどのような違いが出るのでしょうか。

「思う」と「考える」の違い

日本語研究の第一人者だった大野晋先生のベストセラー『日本語練習帳』は、「思う」と「考える」はどう違うのかが最初の問題でした。大野先生が中心になって作った『角川必携　国語辞典』の小コラム「つかいわけ」でも「思う」「考える」が取り上げられています。ここではその答えを引いておきましょう。

「思う」は、胸の中で単純な、一つの希望・意志・判断を持つ。「数学はむずかしいと思う」。「考える」は、あれこれと比較した上で結論を出す。「数学の問題を考える」。

お茶の水女子大名誉教授の外山滋比古氏が著したミリオンセラー『思考の整理学』はタイトルにふさわしく、書き出しから「勉強したい、と思う。すると、まず、学校へ行くことを考える」です。「あとがき」も「思う」「考える」が目立ちます。では、問題です。

問題

次の文章は同書の「あとがき」ですが、■■に「思う」「考える」のどちらが入るかを考えてください。

日ごろ、■■ということばを何気なくつかっている。

これはよく考えなくてはいけないと■■ことがときどきおこる。うまく考えがまとまらない、といっては、あせったり、悲観したりすることもある。そして、お互いに、自分は相当、■■力をもっていると思って生きている。

答え。「考える」「思う」「考える」の順です。

「思う」「考える」については、学生たちにその違いをリポートにしてもらったことがあります。多岐にわたっていましたが、うち二人の内容を紹介しておきましょう。


「勉強したい、と思う。すると、まず、学校へ行くことを考える」という文章を例に挙げると、「思う」は漫然とそういう気持ちを胸に秘めているかのような印象を受け手に与えてしまい、どこか積極性に欠ける。

「考える」はその文章を動的にする。言い換えれば、心の動きを次の段階へと進める推進力になっている。

しかしきっぱりと「勉強します」「始めます」などと言い切ったほうがすっきりするのではなかろうか。


「思う」は「考える」という思考の前段階にある。例えば「勉強したい、と思う。すると、まず、学校へ行くことを考える」という文章だと、「勉強したい」というのは直感的な欲求である。それは自然と湧き出てくるもので、「思う」という言葉で表すことができる。

「学校へ行く」は「勉強したい」という欲求を脳が処理し、それをより具現化したものだ。つまり「考える」というのは「思う」という直感的思考を脳が分析し、より冷静に判断する思考段階なのである。

面白いことに「思考」という言葉は「思う」と「考える」が合わさってできている。この二文字の並びは、脳処理における順序を表しているのではなかろうか。

なるほど、そういう解釈もできそうですね。

「思う」「考える」「感じる」を使わない文章

今回はここからが本題です。この「思う」「考える」に「感じる」を加えた三つの言葉を使わないで文章を書いてみようという練習です。実はこれ、エッセイストの岸本葉子さんが『日経新聞』の「学びのふるさと」で話していたことにヒントを得たものです。

岸本さんは中学時代の国語の先生に『思った』や『考えた』『感じた』という言葉を使わずに作文を書きなさいと言われ、「できない」と言う生徒にその先生は「できる」とひと言、こう言ったそうです。

「『私は社会と理科の教科書を本棚から取って机に置いた。しばらくして理科の教科書を戻した』。これだけでも僕が社会の勉強をしようと思ったことが分かるじゃないか」

岸本さんは先生の言葉を受けて、こう話しています。

「先生はまさに主観と客観の違いを教えてくれたのではないか」

そこで問題です。

問題

次の文例は「思う」「考える」「感じる」を使った文章です。その三語を使わない文章に書き換えてください。

コートを着て家を出たものの、風が冷たく感じられた。今日一日の仕事はほとんど外回りである。風邪気味であることも考えると、オーバーのほうがいいと思い、家に引き返した。

ぼくなりに次のように書き換えてみました。

コートを着て家を出たものの、風が冷たい。今日一日の仕事はほとんど外回りである。風邪気味なのでオーバーにしようと、家に引き返した。

確かに三語を取ると、文例より客観的な文章になりますね。ほかの文章で学生たちにも書き分けてもらいました。

巨人の優勝は確実だと思う。
↓
確実に巨人は優勝する。

木々の芽吹きに春を感じます。
↓
春が木々に芽吹くころになりました。

今夜は寒くなりそうだ。アルバイトが夜遅くまであることを考え、普段より二、三枚多く着込んだ。

←

アルバイトが夜遅くまである。普段より二、三枚多く着込んだ。今夜は寒くなるらしい。

文章上、「思う」「考える」「感じる」は多用されています。文末などとくによく使われていて、安易に使われている感さえあります。それらを他の表現に変えてみる。学生のリポートにもありましたが、文章が客観的になり、かつすっきりする効果がありそうです。文章力をつける上からも大いに推奨したいですね。

⑲——オチでどう変わるか

よくある質問

作文はオチをつけなくてもいいのでしょうか。

オチは内容次第

オチは必要だというものではありません。あったほうがいいとすれば、それはテーマとか話の展開によるでしょう。

それにオチというのは東西で受け止め方が異なります。

関西ではオチがついていない話をすると、いろいろ言われかねません。元吉本興業の常務で「ミスター吉本」の異名を取ったフリープロデューサーの木村政雄さんは、「オチがなかったら、話を聞いていた時間、損したみたいですよね」と話していました。関西ではそういう受け止め方をする人が多いでしょうね。

ぼくも二十数年関西にいて、笑いの文化も取材した経験上、オチをつけたがる人間です。でも東京ではオチに何の反応もないという経験をしばしばしています。反応があっても、ウケたとかではなく、むしろ軽くあしらわれる原因をつくったという苦い記憶があるほどです。

ただし作文では、テーマにかなったオチが最初から頭にあって書き出した原稿は、案外と苦労も少なく書き終えることができるものです。第⓱節のところで「書きたい一文があると、文章も走る」と話したとおり、オチもその一文の力になり得るんですね。

次の文章は以前『毎日新聞』夕刊の「笑うのもほどほどに」と題したコラムに書いたものです。「最後のオチに爆笑しました」といった感想の手紙をいただいたり、けっこう反響があったものです。読んでみてください。

『週刊ポスト』がヘアヌードをやめたという。私が『サンデー毎日』にいたころは、その『ポスト』誌をはじめ、めくるめくるヘアといった趣の週刊誌がたくさんあった。こんなときに非ヘア系の週刊誌を任されるなんて、と身の不運を嘆いたものだ。

ならば、とあるとき、「サンデーだってヘアやります！」と打って出た。ヘアはヘアでも、髪の薄くなった有名人の今昔の写真を並べてグラビアを飾ったのだが、読者から「金返せ！」の抗議の電話が朝から鳴り詰めとなったのはいうまでもない。

ところで、女性のヘアは長い間ありがたみの世界に君臨してきた。見えるか、見えないか、ひどく頼りなげなものであればあるほど、男はその部分を頭の中で懸命に補ってきた。この補おうとする力は、欲望にまつわる悲しさや悦びに伴って生まれる性的文化の推進力にもなっていた。しかしこうもヘアヘアとなると、エネルギーもアヘアへと萎えてくる。

『ポスト』誌もここは潮時と思ったのだろうが、そうは言っても有名な女優のヌードが出たときでも、手を出さないのだろうか。「ヘア復活」と銘打って再び売りにかかるような気がしないでもないのだが。

それはともかく、以前タレントの山田花子さんが旅先で見たストリップのことを番組で話していた。全裸のお姉さんというか、おばさんが両手に持った桶を「アホッ、アホッ」と入れ替えて一点をうまく隠す芸であったらしい。見えそうで見えない。このワザに花子さんはいたく感心していた。

見えそうで見えないというと、その昔「アップダウンクイズ」という人気のクイズ番組を思い出す。10問当てて「夢のハワイへ行きましょう！」がキャッチフレーズで、解答者の正解、不正解でゴンドラが上下する。一九六三年に始まった番組である。そのころ「ハワイ」と言えば、本当に夢であった。

10問当てた人のゴンドラがてっぺんで待っていると、タラップが取りつけられ、日本航空のスチュワーデスさんがタラップをトントンと上がって迎えに行く。ゴンドラのドアを開けたり、解答者の首にレイをかけたりするとき、スチュワーデスさんは少し前屈みになる。このときである、悩ましいのは。男はみんなスカートに視線を注ぐが、中は見えそうで見えないのだった。

たまたま来ていた近所のおじさんは、テレビを下から懸命にのぞき見て「やっぱり見えんなー」と笑わせて帰った。

良き時代でありました。

書きたい話の中にオチはある

タイトルにふさわしい笑えるオチを毎回考えて書いていたコラムでしたから、先に紹介したような感想をいただくとうれしかったですね。この原稿などはオチに向かってまっしぐらでした。

ここで問題を一つ。オチの話ですから気楽に考えてください。

問題

まず次の文章を読んでください。

社内でカラオケに行ったときのこと。みんな思い思いの曲を歌い始めた。しかし課長だけ、タバコをふかしている。「課長、歌ってくださいね」と言うと、「いやいや、君たち、どんどん歌ってくれよ」と鷹揚にかまえている。また誰かが「課長、何歌います?」と聞いても、「いやー、ぼく? まいっちゃうなぁ」と笑っているだけだった。

しかし課長が歌のリクエスト本の中に指を三本くらい入れているのを、一人の社員が目撃していた。

そのうちみんな課長のことなど忘れてお開きになった。ところがあとで課長は、自分に歌わせなかったと抗議してきた。みんなは「何だよ、自分がいいよいいよって言ったくせに」と陰口を言い合った。

この文章をオチのある話に書き直してください。

この話のオチは、どう考えても歌詞カードに指三本を入れていた課長の姿ですよね。それでいきますと、文章はこうなります。

社内でカラオケに行ったときのこと。みんな思い思いの曲を歌い始めた。しかし課長だけタバコをふかしている。

「課長、歌ってくださいね」と言うと、「いやいや、君たち、どんどん歌ってくれよ」と鷹揚にかまえている。また誰かが「課長、何歌います？」と聞いても、「いやー、ぼく？　まいっちゃうなぁ」と笑っているだけだった。

そのうちみんな課長のことなど忘れてお開きになった。ところがあとで課長は、自分に歌わせなかったと抗議してきた。

陰でみんなが「何だよ、自分がいいよいいよって言ったくせに」と話していると、一人の社員がこう証言した。

「そういえば課長、歌のリクエスト本に指三本くらい入れてました」

オチはあらためて思案するより、書こうとする話材から選ぶぐらいがいいでしょう。

⑳―テンの打ち方

よくある質問

句読点はじめ符号の打ち方には約束事があるのでしょうか。とくに読点に決まりがあれば教えてください。

新聞社の『用語集』では

文章の本でも、テンにふれていない本がけっこうあります。テンがなくてもすらすら読めるのが一番。今さらテンでもないだろう、といった著者の気分を反映しているのかもしれません。

実はぼくもその気分が強いのですが、ただ「まえがき」でもふれたとおり、学生たちの間ではテンの打ち方についての質問が依然多いんです。

そこでここでは手元にある『毎日新聞用語集』にのっとって、テンの打ち方の基本を示しておきたいと思います。

問題

次の八つの例文にそれぞれ必要と思われるテンを打ってください。

① 昨日は暖かかったが今日は随分と冷える。
② 金も地位も家もいらない。
③ 今日こそそばをたべよう。
④ 彼も喜び私も喜んだ。
⑤ その夜あなたはいなかった。
⑥ 私はそんなことは前にも言ったようにしていない。
⑦ 私は彼はそんなことはしないと思う。
⑧ 私は熱心に働く人を探す。

答えは次のとおりです。

①　昨日は暖かかったが、今日は随分と冷える。
②　金も、地位も、家もいらない。
③　今日こそ、そばをたべよう。
④　彼も喜び、私も喜んだ。
⑤　その夜、あなたはいなかった。
⑥　私はそんなことは、前にも言ったように、していない。
⑦　私は、彼はそんなことはしないと思う。
⑧　Ａ　私は、熱心に働く人を探す。
　　Ｂ　私は熱心に、働く人を探す。

テンの基本は次のとおりです。
①は文の切れ目に打つテンです。
②は対等に語句を並べる場合に打つテンの例です。

③は誤読を避けるために使うテンですね。
④は節と節の間に打つケースです。
⑤は前置きの節や語句を区切るテンです。
⑥は挿入された節や語句を区切るためですね。
⑦は主語を明確にするためですね。
⑧は修飾する語とされる語の関係を明確にするためのテンです。この場合はA、Bの二例が考えられます。

ただし先にも言いましたように、テンはすらすら読めて、意味もよくわかるように打たれていればいいわけです。あとはその人の好みの問題、あるいはわかりやすくしようというサービス精神なども、テンの有無にかかわっているのではないでしょうか。

「美しい水車小屋の娘」

ところでテンをどこに打つかで意味が変わってしまう文章、たとえば「美しい水車小屋の娘」といった例文はみなさんにもおなじみでしょうね。つまりテンがないと、美しいのは水車小屋なのか、娘なのかわからないというわけです。

美しいのが娘なら、「美しい、水車小屋の娘」と「美しい」のあとにテンを打つべきだということになるのですが、そのようにテン一つで意味が変わる文章ってどうなんだろう、いっそ誤解のないように短い文章に書き分けたらどうだろう、とかねてから思っています。「美しい、水車小屋の娘」なら「美しい娘がいる。毎日、彼女は水車小屋で働いている」でどうなんでしょうか。

長い修飾句が目立つ文章も、同様に短く書き分けてほしいですね。

問題

次の文章を二つか三つの短い文章に、書き分けてください。

バスから見える紅葉の山々に目を奪われた。

学生の回答例を紹介しておきましょう。

私を乗せたバスは山の中を行く。窓の外に目が奪われた。山一面が紅と黄に染まっている。絵の具を塗りたくったようだ。

バスは山道を走っている。窓から見える山々はすっかり色づいている。もみじの錦に目まで染まるようだった。

「……」「?」「!」

句点は別に問題はないと思いますが、学生の作文などで気になるのは閉じカッコの前にマル（「。」）を打っていることですね。カッコの中でも文の終わりにマル（句点）を打つというのは、戦後、文部省国語課が発表した「くぎり符号の使い方」にもとづいて、先生がそう教えてきたからでしょう。

でも、カギかっこで区切られている上に、さらにマルを打てば、二重の区切りとなります。今ではそういう区切りの重用は教科書とか公用文に見られる程度で、一般的ではありません。

区切り符号で使用頻度の高いのは、リーダーの「……」でしょうか。言葉の省略、あるいは無言を表すわけですが、作家によってはそこに思いをこめていることがあるようです。年を取るにつれ、「?」とか「!」にも何か違和感を覚え、そのうち「……」も言葉で表せるのなら書くようにしようとか、いろいろ変わってくるものです。

吉行淳之介氏は五巻本の「自選作品」が刊行された折に「?」「!」は全部除去したとエッセイに書いています。そこで問題です。

問題

「あら!」「~していただけない?」の「!」と「?」を取り去って吉行氏はどう文章を直したと思いますか。

「あら！」は「あらっ」
「～していただけない？」は「～していただけなくって」あるいは「いただけないかしら」

と直したんですね。
しかし符号も使いようで興味を引きます。その一例の一句です。

：と：：と雪がふる　　金城敬太

音もなく降る雪の様子が伝わってくるようです。

㉑—推敲の手順

よくある質問

推敲の際に気をつけなければならないのはどういう点でしょうか。

もう一人の自分の目で

原稿をあとで見直して手を入れる、すなわち推敲で大切なのは、もう一人の自分の目でチェックするということですね。

第❶節で、いい文章とは「独自の内容＋伝わる表現」と説明しました。「独自の内容」というのは主観的であれ、ということです。「伝わる表現」は客観的であれ、ということです。

主観的なことは自らの体験を書けばいいとしても、それが客観的に明晰な文章であるかどうかの判断は容易ではありません。いくらみんなにわかるように書いた自信があっても、実際には第三者になれない以上、読み手にとってわかりやすいかどうかの答えは簡単には出せないからです。

しかしそうだからこそ、客観的であるべきもう一人の自分の存在が重要なのです。ぼくは書いた自分とは少しでも異なる状況に存在するもう一人の自分がチェックできるように、時間をおいて手直ししています。ただ、ここにもやっかいな問題があります。読み手を意識して手を入れることで、元の原稿の個性的な部分が一般的な表現になってしまい、自分の持ち味が薄れたりするためです。

そのあたりの判断は、はなはだ微妙です。文章の独自性を殺さぬように手を入れるということでしょうか。ほど（程）が問われるところですね。

重複表現と同じ言葉の多用

推敲の手順を具体的に追ってみましょう。

まずは声を出して読み返すことです。そうすると文章上の欠点など、いろいろ気づくものです。とりあえずは文中の「私」のチェックですね。

私は子どものころ、数カ月入院していた。私の病室には入れ替わり患者が入院してきたが、私より先に退院する子もいた。

「私」を取り去ると、こうなります。

子どものころ、数カ月入院していた。病室には入れ替わり患者が入院してきたが、先に退院する子もいた。

ずいぶんすっきりしたのがわかりますね。

学生の作文には「私は」と書き出し、「私」を多用しているものがけっこうあります。そこで授業ではこんなことをよく言います。

夏目漱石の『草枕』の冒頭「山路を登りながら、こう考えた」が「余は山路を登りながら、こう考えた」と書かれていたらどうだっただろうか、と。日本語というのは不思議なもので、主語を省略すると文章がきりっと引き締まって何だかよくなった気がするんですね。なくても意味の通じる「私」は取りましょう。

「あれ、それ、これ」などの指示代名詞で不要なものは削りましょう。

㈲　車を買った。それは新車で、安かった。だから、これはいい買い物だ。

　　　←　車を買った。新車で、安かった。いい買い物だ。

「という」や「こと」も意外に多用しているものです。できるだけ削りましょう。

㈲　猫という動物は寝ることが好きだということだ。

　　　←　猫は寝るのが好きだ。

　言葉の重複も要チェックです。たとえば「まだ時期尚早」の「まだ」はいりません。「断トツの一位」も「断トツ」でいいですよね。その人の癖か、「一番最初」「一番最後」

と「最初」「最後」にそれぞれ「一番」をつけたり、「現状」に「今の」をつけたりしている文章もときどき目にします。推敲は自分の悪い癖の発見でもあるのです。

問題

次の言葉も重複です。直してください。

・あとで後悔する
・各国ごとに
・連日暑い日が続く
・製造メーカー
・思いがけないハプニング
・最後の追い込み
・成功裏のうちに

答え。

・あとで後悔する　↓　後悔する
・各国ごとに　↓　国ごとに
・連日暑い日が続く　↓　暑い日が続く
・製造メーカー　↓　メーカー
・思いがけないハプニング　↓　ハプニング
・最後の追い込み　↓　追い込み
・成功裏のうちに　↓　成功裏に

意外に多いんです、こういう重複表現が。これもその人の癖でしょうか。そうそう、同じ言葉の多用も要注意です。とくに「孤独」とか「純粋」といった、あまり寄りかかりすぎないほうがいいような言葉が何度も出てくると、その無神経ぶりが気になるものです。『毎日新聞用語集』は読み返しても、なかなか気づかないのが慣用語句の誤りですね。何ページにもわたってそれらの語句を挙げています。では問題です。

問題

次の語例を正しい表現にしてください。

・足げりにする
・笑顔がこぼれる
・上にも置かぬもてなし
・汚名ばん回
・（ほっと）肩をなで下ろす
・老体にむち打つ

正解はこうです。

・足げりにする　↓　足げにする
・笑顔がこぼれる　↓　笑みがこぼれる
・上にも置かぬもてなし　↓　下にも置かぬもてなし
・汚名ばん回　↓　汚名返上
・（ほっと）肩をなで下ろす　↓　胸をなで下ろす
・老体にむち打つ　↓　老骨にむち打つ

役目終了の接続詞、副詞の削除

接続詞と副詞も、読み返して削れるものは削ってください。最初に書く原稿は順接の「すると」「したがって」、逆接の「しかし」「ところが」、並立の「そして」「それから」「その上」などの接続詞それぞれが話の筋を作ってくれます。「まだ」「けっして」「ちっとも」といった先ぶれの副詞も、すらすら読める文章の推進力になってくれます。と同時に、ぼくらは意味が通じるだろうか、と不安を覚え、それらの接続詞、副詞を多用しているところもあります。

でも、書き終えたのと同時に、その役目を終えているものがけっこうあるんですね。ご苦労さん、とひと言つぶやいて削ってやってください。

ところで吉行淳之介氏がエッセイの中で、「初出と改稿」と題して興味深いことを書いています。作品が単行本から文庫になったときや全集に入ったりするとき、作家はあらためて手を入れたりするものですが、吉行氏は永井荷風の『濹東綺譚』の自筆原稿（複製）に朱筆が入った箇所を紹介しています。そこで問題です。

問題

次の文章のどの箇所が朱で添削されていたでしょうか。

雪の音は少し遠くなったが、雨は却つて礫《つぶて》を打つように一層激しく降りそそいで来た。軒先に掛けた日蔽の下に居ても地面から跳ね上がる飛《し》沫《ぶき》の烈しさにわたくしは兎や角言ふ暇《いとま》もなく内へ這入った。

答えに代えて吉行氏の文章を引用しておきます。

要するに、ほとんど朱筆は入っていないが、「地面から」を削っているのは、当たり前といえばいえるし、そこが面白くもある。

永井荷風にしてこの細やかさです。

見た目の推敲

引き続き考えてみたいのは、文章の間と余白です。

司馬遼太郎氏は「思う」を「おもう」と平仮名で書いていました。「おもう」は大和ことば（和語）だから、がその理由でした。吉行氏も「おもう」ではなかったかな、と代表作の『暗室』『夕暮まで』を見てみると、やはり「おもう」でした。

文章上、頻度の高い動詞を漢字ではなく平仮名にすると、文章全体から受ける印象が微妙に異なります。見た目の推敲の大切さがここにあります。漢字は硬い。暑苦しい。平仮名はやわらかい。涼しい感じがする。季節感で言えば夏と秋ぐらいな違いがありますね。

そのせいか、年を取るにつれ漢字より平仮名へと傾いているところがぼくにはあります。といってこれは、年の問題というより好みの問題もあると見え、年長の男性からいただく手紙には漢字が目立ちます。漢字イコール教養の世代だったのでしょう。

一方、若い子の文章にも漢字が多いのに驚かされます。「事」「訳」「為《ため》」などは珍しくもなく、「然《しか》し」「又《また》」「殆《ほとん》ど」「只管《ひたすら》」「些《いささ》か」「頗《すこぶ》る」とくると、パソコンで原稿を打つせいとわかっていても、「只管」など何と読みますか、と尋ねてみたくなりますね。

もちろん漢語は中国語ですから、ちゃんと漢字で書くべきです。日本語のうち、漢字二字以上から成る「音読み」の言葉、たとえば「国語」「平和」「人間」など、みなそうです。「人げん」などと書かれると、つらくなりますね。

ぼくの勝手な印象ではありますが、学生たちの原稿用紙を目にして漢字二、三割、平仮名七、八割ぐらいの割合だと、ああ日本語の文章はいいなあ、と和の文化にふれたような心地よさを覚えます。漢字が平仮名より多い原稿だと、ゴツゴツした感じとともに暑苦しさを覚え、読む気にならないことがあります。

暑苦しいと言えば、段落の少ない文章もそうですね。切れ目がないと圧迫感すら覚えます。これについては拙著『早大院生と考えた文章がうまくなる13の秘訣』でも書いていますが、ぼくは顔全体でひとまとまりとするより、目、鼻、口それぞれで一つのまとまりと見て、そこで行を改めるようにしています。それで随分、原稿用紙に間も余白もできます。段落は読点などと同様、筆者それぞれの考え方があるでしょうが、マス目の原稿用紙自体、間と余白を念頭に作製されたものでしょうから、その点は留意したいと思います。

説明文を間引く

以上、こだわってきたのは、いかに削るかでした。推敲は加える、削るが二大作業ですが、ぼくはどんどん書いていってあとで削る派です。

削れば間引く作業と同様、原稿用紙に残された一行一行がいきいきとしてくるように思えます。「大根を間引く」と言います。それは大根の発育をよくするためですが、文章にもそういうところがあろうかと思います。

それでは「間引く大根」に相当する文章は、ということですが、その第一は、なくてもわかる説明文でしょうね。「説教の効果はその長さと反比例する」とは河合隼雄氏の言葉です。説くな、説明するな、も文章作法です。要らざる説明はカットして、そう、間引いて、そこに余白をもたらしましょう。文章は理詰めで書かれたものより多少飛躍のあるほうがイメージを深め、余韻もあって味わいが増すものです。

文末も要チェック

文末もチェックポイントです。「です・ます」調と「だ・である」調の無原則な混用はまずいですが、意識的に調子を変えるためならいいんじゃないでしょうか。丸谷才一氏はそのことを得意としている作家ですよね。何か気楽な感じがあって、読んでいても楽しいですね。

同じ「だ・である」調でも、「であろう」と書くと、「である」「のである」に比べて何やら自信がなさそうな感じがする、と戸惑う外国人もいるそうです。ぼくなどもコラムで「であろう」とよく書きますが、自信がないと言うよりは、「である」が続きすぎるのもよくないと変えているだけのことです。

『村上春樹、河合隼雄に会いにいく』という本で、村上氏がこんな話をしています。

いまぼくの『ねじまき鳥クロニクル』をジェイ・ルービンが英語に訳していて、ときどき電話をして訊いてくるのです、「ここは現在形になっているけど、なんで現在形になるんだ」「これは英語でも現在形にした方がいいか」と言うから、ぼくはよく「そうじゃなくて、それはただの言葉のひびきのために変えているのだから、考えなくていいんだ」って説明するんです。

でも、彼はけっこう理屈っぽいところのある男だから、「でも、それだけじゃないだろう」って言う。それだけではないんですよね。それは文章全体のテンションを高めたり、リズムをとったりする必要もあるからなのですね。そうすると、彼は、「じゃ、それはやっぱり英語の翻訳でも、効果としてなされるべきことじゃないか」と言う。そう言われるとぼくも弱っちゃうんです。

外国の翻訳家が文末の言葉にここまで気づかっているのです。ぼくら自身も「であった」「であった」などと、むやみに続けないようにすべきですね。

それから「のだ」「のである」ですが、何か「論」を押しつけられているように感じられますよね。作文は「論よりエピソード」です。「のである」「のだ」を使わないですむ文章を心がけましょう。その点も頭に入れて文末チェックをしてください。

「は」「が」「も」の使い分け

推敲では「が」と「は」、それに「も」も含めての助詞のチェックも怠りなくやらなければなりません。

助詞と言うと、失恋した友人を励まそうと「人間は顔じゃない」と言うべきところを、「人間の顔じゃない」と言ってしまった話とか、結婚披露宴で新婦のA子さんを「どこに出しても恥ずかしくない女性です」と言いたかったのに、「どこを出しても恥ずかしくない女性です」と言い間違えた話など、そんな笑い話を思い出します。

外国人の日本語の「大仏がどこ?」「どれは大仏?」と「は」と「が」の誤用例などを紹介した本もありました。外国人ならずとも、「は」「が」の誤った使い方はぼくらにもありそうです。「は」か「が」か、わからなくて「も」にしたら文章になったといった話も聞きますが、こういうテーマは日本語の第一人者だった大野晋先生にかぎりますよね。その考え方は『日本語練習帳』をはじめ氏のいろいろな著書で明らかにされています。

大野先生らが編んだ『角川必携　国語辞典』にも詳述されていますが、ここでは『日本語相談　三』の〈「秋も深まる」はどうして「も」〉の氏の回答例を要約しておきます。

それによりますと、たとえば「秋は」の「は」は、「秋はどうなのか」という答えをその下に要求します。つまり「は」の上が問題で、下が答えだというわけです。「秋が」ですと、「が」の上が新しい知らせです。「秋も」の「も」は「AさんもBさんも秋も」といった感じで、そこに「共同体」の雰囲気を形づくります。

その上で「秋は深まってきました」「秋が深まってきました」「秋も深まってきました」を解釈すると、「秋は〜」は「秋は（ドウシタカトイウト）深まってきました」ということになり、「秋が〜」は目の前で「秋が深まった」ということをあらわに描写する趣になります。それに比べ「秋も〜」は「書き手も読み手も秋も一緒に」という設定ですから、礼儀をわきまえた時候のあいさつにかなった表現になるわけです。

「は」と「が」の使い分けは日本語の基本ですが、昨今、それすら危うくなっている感がありますます。どちらかな、と迷ったときに「も」で逃げると、「――も」の多い文章になりがちです。ですから「は」と「が」の使い分けとともに、「も」の多用も併せてチェックすべきかと思われます。

「は」「が」に加えて「も」の使い方もよくわかります。

あとがきに代えて

〈特別編〉文章に手を入れる

最後に早大での授業で学生に提出してもらった自由題の作文をもとに、文章を見直し手を入れるとはどういうことか、その実際を紹介したいと思います。

授業ではK・M君の作文のコピーをその日出席の全員（二十七人）に配り、感想をメモ書きして提出してもらいました。

K・M君の作文は「ジャーナリズムの坂」と題したものでした。

人はそれぞれ多くの坂を登ってきている。私も数多くの坂を登ってきた。その中でも「吹奏楽の坂」は、一番長くて険しかった。

高校生の時、吹奏楽部に入部した。中学校時代の音楽の評価は「2」。楽譜なんてもちろん読めなかった。それなのに、なぜ入部したのかわからない。きっと、私の母親が、吹奏楽が好きでよくコンサートに行っていたので、親孝行しよう、と考えたのかもしれない。

その吹奏楽部は、私の住んでいた地区で、コンクール1位、2位を争う強豪校であった。私の同期は、小学校や中学校からすでに吹奏楽を続けていた。私の目からは、みんなプロ演奏者に見えた。私は楽譜の読み方からはじめた。同期はすでに曲の練習をしていた。

入部して数カ月たった。「お前はそこを吹かなくてもいい」。コンクール本番を目前にして、顧問の厳しい声が私に飛んできた。周りが一生懸命吹いている時、私は楽器を置いて、目の前にある楽譜をずっと目で追いかけていた。悔しかった。

それから、僕は学校が閉まる時間まで、毎日必死に練習した。たまに先輩に練習をみてもらった。

結局、その時のコンクールには出場できなかった。部員が80人ほどいるので、私は選考から落ちてしまったからだ。涙が、目から溢れそうになるのを一所懸命に堪えた。

コンクール前日、先輩から手紙を頂いた。「きみは努力の神様だよ。」手紙の中の一文に書かれていた。はじめて努力の喜びを知った瞬間だった。

大学に入ってからも、吹奏楽を続けた。そして、学生指揮者になった。演奏する喜び、努力する喜びを発見したからだと思う。高校の同期生達は驚いていた。ステージで50人の演奏者を前にして指揮を振る。坂を登りきったように感じた。それでも、その坂は、まだ続くことは知っている。大学で切磋琢磨できる仲間やライバルがたくさん出来たからだ。

今、私は「ジャーナリズムの坂」を登り始めた。この坂も長くて傾斜がきつい。周りはすでに遠いところを登っているようにみえる。今回も、努力をエンジンにして力強く登りつづける。

この作文に対するみんなの感想は多岐にわたっていました。主だったものを列記しておきます。

・最終的に力がどの程度認められたのか知りたい。
・手紙のところ、もっと肉づけしたほうがいい。
・導入部分が当たり前すぎる。

・手紙へのつながりが弱い。
・どれほど努力したのかわからない。
・「神様だよ」だけでは、どう神様なのかわからない。
・人生を「坂道」ととらえる例は多いですよね。
・悔しさ、嬉しさが淡々と述べられている印象を受ける。
・「必死に」や「一生懸命」だけでは伝わってこない。
・先輩に練習を見てもらったのなら、その時のアドバイスを入れたほうがいいと思う。
・エピソードが弱い。
・4、5行目、読点が多すぎる。
・「その坂は、まだ続くことは知っている」というのは、論理があいまい。
・「きっと」(4行目)は削る。
・何の楽器を担当しているのかが気になる。
・「ジャーナリズムの坂」という表現が唐突。
・「涙が」のあとの読点には意味があるのか。
・ボロボロになった楽譜とか、お母さんにまつわるエピソードがあったほうがいい。

・まだ20年少ししか生きていないのに「吹奏楽の坂」が一番険しいとは言いすぎている。
・「涙をこらえた」という趣旨の表現はオーバー。
・「私」と「僕」の使い分けは意識してのことなの？
・「悔しかった」などの直接表現はどうだろうか。
・冒頭の「親孝行」というワードがそれっきりで気になった。
・最初の2行はいらないと思う。
・先輩の手紙の描写をふやしてもいいのでは。
・「吹奏楽の坂」は本当に長くて険しいのか、伝わってこない。
・「努力の神様」と言われる理由を知りたい。
・「私」が多い。
・「一生懸命」と「一所懸命」が出てくる。どちらなの？

「いい文章と思います」「〃努力の神様〃という言葉、一生の宝物にしてください」などの感想や励ましの言葉もありましたが、全体としては列記のとおり注文をつけたものが圧倒的でした。

これらの感想は読み上げてK・M君に伝えました。その上でK・M君に作文の再提出を求めたところ快諾してくれました。次の作文が書き直したものです。

先輩からの手紙

中学生の頃、努力ってかっこ悪いものだと思っていた。いかにどれだけ勉強しないで良い点数をとれるかとか、どれだけ友達とたくさん遊べるかが大事だった。何か一つのことにまっすぐに向き合うっていうことが楽しいとは思わなかった。

でも、努力の喜びを初めて感じたのは、高校生の時だった。

それまで音楽なんてまともにやったことはなかったけど、高校生の時に吹奏楽を始めた。楽器はサックス。親に買ってもらった。ゴールド色で明るく輝いていた。

入部して数カ月たった時だった。「お前はそこを吹かなくてもいい」。コンクール本番を前にして、顧問の厳しい声が飛んできた。周りが一生懸命吹いている時、キラキラ光る楽器を置いて目の前にある楽譜をずっと目で追いかけていた。

それから、練習が終わったあとは一人で空き教室で練習をした。練習で間違ったところは全て楽譜に書き込んだ。メトロノームのネジを何度も回す。学校が閉まるまで毎日粘った。一つのことに夢中になるなんて初めての経験だった。楽譜は色々なメモで埋まり何が書かれているかわからなくなった。それでもコンクールには出場できなかった。

それをきっと先輩が見ていたのだろう。コンクール前日に手紙を頂いた。手紙にはクマの絵がプリントされていた。そんな手紙の一文に「きみは努力の神様だよ」と金色の文字で書かれていた。

その時に努力の素晴らしさを知った。それを気づかせてくれた先輩の手紙は今も大事に持っている。

変われば変わるもんですね。題名も「ジャーナリズムの坂」から「先輩からの手紙」になりました。ジャーナリズム志望のことにはふれられていませんので、変わって当然でしょう。テーマを象徴的に表しているもの、それが題名に一番ふさわしいですよね。

文章もよくなりました。みんなの一つ一つの指摘をちゃんと受け止め、推敲したのでしょうね。

何を書くべきか。「努力」について書くのだとしても、「坂を登ってきた」とか「必死に練習した」だけでは伝わりません。手紙に書かれた「努力の神様だよ」の文字はサックスと同じ金色というわけですから、ここは手紙の存在を際立たせるのも一興でしょうね。

そのほか、「私」も少なくなったどころか、一つもなくなり、みんなの細かい注文に忠実すぎるほどの文章、ぼくはそこにもK・M君らしい努力の跡を見ました。

まず、書き出し。こういうふうにひと言あって入る作文は多々あります。この一行を削って具体的に書き出す手もあるでしょうが、何が言いたいのだろうと思わせる書き出しですので、生かしたいと思います。

どんな文章も次の行には何が書かれているんだろう、と思わせ、思わせ進んでいくのが一番です。その点で「コンクールには出場できなかった」と書くのが少し早すぎます。これは最後のほうまで取っておくべきでしょう。終わりは「手紙は今も大事に持っている」で悪くはないのですが、テーマが「努力」だということに留意すると、ひと工夫ほしいところです。

そんなところで、ぼくなりに少し手を入れてみました。あくまでもこう直せるかな、という程度のものです。

中学生の頃、努力ってかっこ悪いものだと思っていた。いかにどれだけ勉強しないで良い点数をとれるかとか、どれだけ友達とたくさん遊べるかが大事だった。何か一つのことにまっすぐに向き合うっていうことが楽しいとは思わなかった。

でも高校生の時、考えが変わった。

それまで音楽なんてまともにやったことはなかったけれど、吹奏楽を始めた。楽器はサックス。親に買ってもらった。ゴールド色で明るく輝いていた。

入部して数カ月たった時だった。「お前はそこを吹かなくてもいい」と顧問の声が飛んできた。コンクール本番を前にしてか、きつい口調だった。

周りが一生懸命吹いている時、キラキラ光る楽器を置いて目の前にある楽譜をずっと目で追いかけていた。

練習が終わったあとは一人で空き教室で練習をした。練習で間違ったところは全て楽譜に書き込んだ。メトロノームのネジを何度も回す。学校が閉まるまで毎日粘った。一つのことに夢中になるなんて初めての経験だった。楽譜は色々なメモで埋まり、何が書かれているかわからなくなった。

それを先輩が見ていたのだろう。コンクール前日に手紙を頂いた。手紙にはクマの絵がプリントされて、こう書かれていた。

「きみは努力の神様だよ」

金色の文字だった。

コンクールには出場できなかった。でも努力の素晴らしさを教えてくれた先輩の手紙は、今も私の背を押し続けてくれている。

この本が作文に取り組むみなさんの背を押し続けることを願って「あとがき」とさせていただきます。K・M君をはじめ、早稲田大学大学院ジャーナリズムコースの実習授業「文章表現」でともに文章のあれこれを考えてくれた学生諸君、本当にありがとう。

最後になりましたが、幻冬舎の福島広司さん、伊藤えりかさん、本当にお世話になりました。

近藤勝重

著者略歴

近藤勝重
こんどう・かつしげ

毎日新聞専門編集委員。コラムニスト。早稲田大学大学院政治学研究科のジャーナリズムコースに出講、「文章表現」を教えている。毎日新聞では論説委員、『サンデー毎日』編集長、夕刊編集長を歴任。夕刊に連載の「しあわせのトンボ」は大人気コラム。

『なぜあの人は人望を集めるのか』(幻冬舎新書)、『早大院生と考えた文章がうまくなる13の秘訣』(幻冬舎)、『大丈夫、なんとかなるさ』(毎日新聞社)など著書多数。

TBS、MBSラジオの情報番組にレギュラー出演。『毎日新聞』(大阪)の人気企画「近藤流・健康川柳」の選者も務め、多彩な能力をさまざまなシーンで発揮している。

幻冬舎新書 232

書くことが思いつかない人のための文章教室

二〇一一年九月三十日　第一刷発行
二〇一一年十一月十日　第五刷発行

著者　近藤勝重
発行人　見城 徹
編集人　志儀保博

発行所　株式会社 幻冬舎
〒一五一―〇〇五一 東京都渋谷区千駄ヶ谷四―九―七
電話 〇三―五四一一―六二一一（編集）
　　 〇三―五四一一―六二二二（営業）
振替 〇〇一二〇―八―七六七六四三

ブックデザイン 鈴木成一デザイン室
印刷・製本所 中央精版印刷株式会社

Printed in Japan ISBN978-4-344-98233-8 C0295
こ-8-2

幻冬舎ホームページアドレス http://www.gentosha.co.jp/
＊この本に関するご意見・ご感想をメールでお寄せいただく場合は、comment@gentosha.co.jp まで。